KB182951

글 안형모

어린이들의 꿈을 키워 주는 재미있고 유익한 만화를 만들기 위해 즐겁게 작업하고 있습니다. 인물 이야기를 통해 위인들의 성공적인 업적보다는 성공에 이르기까지 과정과 노력을 담기 위해 노력합니다. 《천추태후》, 《통째로 한국사 1, 2》, 《호동왕자와 낙랑공주》 등의 만화 시나리오를 썼습니다.

그림 이일호

1986년 만화계에 입문하여 잡지 및 신문 만화 연재에 참여했습니다. 대표 작품으로는 아동 학습 만화 《스펀지》, 《두뇌 월드 Q》, 《황금 교실》, 《바람의 비행사 라시언》과 소년조선일보 신문 연재 《의료 특공대 야야》 등이 있습니다.

감수 경기초등사회과연구회
진로 탐색 감수 이랑(한국고용정보원 전임연구원)
추천 송인섭(숙명 여자 대학교 명예 교수)

세계 인물

존 메이너드 케인스

개정판 1쇄 인쇄 2024년 11월 15일
개정판 1쇄 발행 2025년 1월 1일

글 안형모 그림 이일호

펴낸이 김선식
펴낸곳 다산북스

부사장 김은영
어린이사업부총괄이사 이유남
책임편집 박세미 **디자인** 김은지 **책임마케터** 김희연
어린이콘텐츠사업1팀장 박정민 **어린이콘텐츠사업1팀** 김은지 박세미 강푸른
마케팅본부장 권장규 **마케팅3팀** 최민용 안호성 박상준 김희연
편집관리팀 조세현 김호주 백설희 **저작권팀** 이슬 윤제희 **제휴홍보팀** 류승은 문윤정 이예주
재무관리팀 하미선 김재경 임혜정 이슬기 김주영 오지수
인사총무팀 강미숙 이정환 김혜진 황종원
제작관리팀 이소현 김소영 김진경 최완규 이지우 박예찬
물류관리팀 김형기 김선민 주정훈 김선진 한유현 전태연 양문현 이민운

출판등록 2005년 12월 23일 제313-2005-00277호
주소 경기도 파주시 회동길 490
전화 02-704-1724 **팩스** 02-703-2219
다산어린이 카페 cafe.naver.com/dasankids **다산어린이 블로그** blog.naver.com/stdasan
종이 신승INC **인쇄** 북토리 **코팅 및 후가공** 평창피앤지 **제본** 대원바인더리

ISBN 979-11-306-5828-5 14990

- 책값은 표지 뒤쪽에 있습니다.
- 파본은 본사와 구입하신 서점에서 교환해 드립니다.
- 이 책은 저작권법에 의하여 보호를 받는 저작물이므로 무단 전재와 복제를 금합니다.
- 이 책에 실린 사진의 출처는 셔터스톡, 위키피디아, 연합뉴스 등입니다.

품명: 도서 **제조자명**: 다산북스
제조국명: 대한민국 **전화번호**: 02)704-1724
주소: 경기도 파주시 회동길 490
제조년월: 판권 별도 표기 **사용연령**: 8세 이상

※ KC마크는 이 제품이 공통안전기준에 적합하였음을 의미합니다.

존 메이너드 케인스
John Maynard Keynes

다산
어린이

자신만의 멘토를 만날 수 있는
who? 시리즈

다산어린이의 〈who?〉 시리즈는 어린이들은 물론 어른들에게도 재미와
감동을 주는 교양 만화입니다. 〈who?〉 시리즈는 전 세계 인류에 영향력을
끼친 인물들로 구성되었으며 인물들의 삶과 사상을 객관적으로 전해
줍니다.

이처럼 다양한 나라와 분야에서 활약한 위인들의 이야기를 통해 과학,
예술, 정치, 사상에 관한 정보는 물론이고, 나라별 문화와 역사까지 배우게
될 것입니다. 〈who?〉 시리즈의 가장 큰 장점은 위인들이 그들의 삶에서
겪은 기쁨과 슬픔, 좌절과 시련, 감동을 어린이들이 함께 느낄 수 있다는
것입니다. 어린이들은 이 책을 읽으면서 폭넓은 감수성을 함양하게 됩니다.

〈who?〉 시리즈의 어린이 독자들이 책 속의 위인들을 통해 자신만의
멘토를 만나 미래의 세계적인 리더로 성장하기를 진심으로 응원합니다.

존 덩컨 미국 UCLA 동아시아학부 교수

존 덩컨(John B. Duncan) 교수는 한국학 분야의 세계적인 석학으로
미국 UCLA 한국학 연구소 소장 및 동 대학의 동아시아학부 교수를
겸직하고 있습니다. 하버드 대학교 교환 교수와 고려 대학교 해외
교육 프로그램 연구센터장을 역임했으며, 주요 저서로는
《조선 왕조의 기원》, 《조선 왕조의 시민 행정의 제도적 기초》 등이
있습니다.

세상을 더 나은 곳으로 만든 사람들의 이야기

어린이들은 자라면서 수많은 궁금증을 가지게 됩니다. 그중에서도 "저 사람은 누굴까?"라는 질문은 종종 아이들의 머릿속을 온통 지배해 버리기도 합니다. 다산어린이에서 출간된 〈who?〉 시리즈는 그런 궁금증을 해결해 주기 위해 지구촌 다양한 분야의 리더들을 소개하고 있습니다.

〈who?〉 시리즈에 등장하는 인물들은 인종과 성별을 넘어 세상을 더 나은 곳으로 만든 사람들입니다. 어린이들은 이 책에서 디지털 아이콘으로 불리는 스티브 잡스는 물론 니콜라 테슬라와 같은 천재 발명가를 만날 수 있습니다.

책 속 주인공들의 어린 시절 이야기를 통해 기쁨과 슬픔, 도전과 성취감을 함께 맛보고, 그들과 함께 성장하면서 스스로 창조적이고 인류에 도움이 되는 사람이 되겠다는 포부와 자신감을 갖게 될 것입니다.

〈who?〉 시리즈 속에서 다채롭고 생동감 넘치는 위인들의 이야기를 만나 보세요.

에드워드 슐츠 하와이 주립 대학교 언어학부 교수

에드워드 슐츠(Edward J. Shultz) 하와이 주립 대학교 언어학부 교수는 동 대학의 한국학센터 한국학 편집장을 역임한 세계적인 석학입니다. 평화봉사단 활동의 하나로 한국에서 영어 교사로 근무한 경험이 있으며, 현재 한국과 미국, 일본을 오가며 활발한 활동을 펼치고 있습니다. 저서로는 《중세 한국의 학자와 군사령관》, 《김부식과 삼국사기》 등이 있고, 한국 중세사와 정치에 대한 다수의 기고문을 출간했습니다.

미래 설계의 힘을 얻는 길이 여기에 있습니다

어린이가 성장하는 시기에는 스스로 미래를 설계하며 다양한 책을 접하는 경험이 필요합니다.

어린 시절 만난 한 권의 책이 인생에 미치는 영향이 얼마나 큰지는 꿈을 이룬 사람들의 말을 통해서 알 수 있습니다. 빌 게이츠는 오늘날 자신을 만든 것은 동네의 작은 도서관이었다고 말하고, 오프라 윈프리는 어린 시절 유일한 친구는 책이었음을 고백하며 독서의 중요성에 대해 이야기합니다.

꿈을 이룬 사람들의 공통점은 또 있습니다. 그들에게는 어린 시절, 마음속에 품은 롤 모델이 있었습니다. 여러분의 롤 모델은 누구인가요? 〈who?〉 시리즈에서는 현재 우리 어린이들이 가장 닮고 싶어하는 롤 모델을 만날 수 있습니다. 버락 오바마, 빌 게이츠, 조앤 롤링, 스티브 잡스 등 세상을 바꾼 사람들의 감동적인 이야기를 담은 〈who?〉 시리즈는 어린이들이 구체적인 목표를 설정하고 희망찬 비전을 세울 수 있도록 도와줄 친구이면서 안내자입니다. 〈who?〉 시리즈를 통하여 자신의 인생 모델을 찾고 미래 설계의 힘을 얻을 수 있습니다.

송인섭 숙명 여자 대학교 명예 교수

숙명 여자 대학교 명예 교수이자 한국영재교육학회 회장으로 자기주도학습 분야의 최고 권위자입니다. 한국교육심리연구회 회장, 한국교육평가학회장, 한국영재연구원 원장을 역임했습니다. 자기주도학습과 영재 교육의 이론을 실제 교육 현장에 적용하기 위해 노력하고 있습니다.

평생을 이끌어 줄
최고의 멘토를 만날 수 있는 책

10대에 가장 중요한 것은 무엇일까요? 학과 공부와 입시일까요? 우리나라 최초의 국제회의 통역사로 30년 동안 활동하면서 글로벌 리더들을 만날 기회가 수없이 많았던 저는 대한민국의 초등학생들에게 특별한 조언을 해 주고 싶습니다. 그것은 큰 꿈을 가지는 것이 무엇보다 중요하다는 것입니다.

꿈은 힘들고 지칠 때 나를 이끌어 주는 힘이고 내 인생의 주인이 되어 일어설 수 있게 하는 원동력이 되어 줍니다. 꿈이 있는 아이가 공부도 잘하고 결국 그 꿈을 실현할 수 있게 되는 것입니다. 저 역시 어린 시절 품었던 꿈이 지금의 자리에 있게 한 원동력이었습니다. 남들이 모르는 큰 꿈을 마음속에 간직하고 있었기에 괴롭고 힘들어도 포기하지 않고 다시 일어설 수 있었습니다.

어린 시절 저에게도 힘들고 지칠 때마다 용기를 불어넣어 주고 힘이 되어 주었던 분들이 있었습니다. 지금의 자리로 저를 이끌어 준 멘토들처럼 〈who?〉 시리즈에서 여러분의 친구이자 형제, 선생이 되어 줄 멘토를 만날 수 있기를 바랍니다.

최정화 한국 외국어 대학교 교수

우리나라 최초의 국제회의 통역사로 현재 한국 외국어 대학교 통번역대학원 교수로 재직 중입니다. 세계 무대에서 자신의 꿈을 이룬 여성 신화의 주인공으로, 역시 세계에서 꿈을 펼치려고 하는 청소년들에게 멘토로서의 역할을 충실히 하고 있습니다. 저서로는 《외국어 내 아이도 잘할 수 있다》, 《외국어를 알면 세계가 좁다》, 《국제회의 통역사 되는 길》 등이 있습니다.

John
Maynard
Keynes

- 이름: 존 메이너드 케인스
- 생몰년: 1883~1946년
- 국적: 영국
- 직업·활동 분야: 경제학자
- 주요 업적: 국제 통화 기금
  (IMF), 국제 부흥 개발 은행
  (IBRD) 총재 역임

존 메이너드 케인스

존 메이너드 케인스는 어린 시절 유난히 영특한데다 여러 가지
분야에 지적 호기심도 남달랐습니다. 하지만 몸이 너무 약해서
일상적인 생활을 하기도 힘들 정도였어요. 이후 건강을 회복하고
경제학자의 길을 선택한 케인스. 그가 세운 경제 이론은 무엇이며,
그것이 세상을 어떻게 바꾸었는지 함께 살펴볼까요?

J. N. 케인스

존 메이너드 케인스의 아버지 J. N. 케인스는 경제학자이자 논리학자로 케임브리지 대학 강사였습니다. 그는 어린 시절부터 남다른 영특함을 가진 존 메이너드 케인스에게 수학, 문학, 예술 등 다양한 분야를 자연스럽게 접할 수 있도록 해 주었습니다. 또한 유난히 몸이 약했던 케인스의 건강을 위해 함께 다양한 야외 활동을 하는 등 자상한 아버지였어요.

프랭클린 루스벨트

미국의 제32대 대통령이었던 프랭클린 루스벨트는 세계적인 대공황이 닥쳐오자 케인스의 경제학 이론을 적극적으로 받아들여 뉴딜 정책을 실시합니다. 뉴딜 정책의 성공으로 미국은 대공황의 위기를 극복할 수 있었어요.

들어가는 말

- 새로운 경제학 이론으로 대공황이라는 세계 경제 문제를 해결한 경제학자 존 메이너드 케인스에 대해 알아봐요.
- 케인스가 살던 당시 유럽과 미국 사회에 대해 살펴봅시다.
- 케인스의 이야기를 통해 경제학자란 어떤 일을 하는 직업인지 알아봐요.

공부할 수 없는 천재

1

영국 케임브리지 하비 로드 6번지

1883년 6월 5일, 존 메이너드 케인스는 아버지 J. N. 케인스와 어머니 플로렌스 에이다 케인스 사이에서 3남매 중 장남으로 태어났습니다.

사랑스런 내 아가!

오, 고맙습니다. 주님!

아기 이름을 뭐라고 지을까요?

할아버지 이름의 '존'과 할머니 이름의 '메이너드'를 따 존 메이너드 케인스라고 하는 게 어때요?

멋진 이름이에요!

아가야. 이제부터 넌 존 메이너드 케인스란다!

메이너드의 아버지는 케임브리지 대학의 교수였습니다. 어머니 역시 케임브리지 대학을 나와 사회 사업가로 일하고 있었습니다.

여보! 메이너드가 또 설사를 해요.

저런! 어서 병원에 데려가 봅시다.

대체 왜 이러는 걸까요?

아이가 설사를 자주 합니다.

흠, 선천적으로 장이 약하군요. 배를 늘 따뜻하게 해 주고, 음식을 가려서 먹이세요.

잘 치료받으면 괜찮을 거요. 그러니 너무 걱정하지 말아요.

메이너드가 평생 고생할 것을 생각하니 너무 마음이 아파요.

그런데 혹시 아이가 모유를 잘 못 먹지는 않나요?

그걸 어떻게 아셨어요?

무슨 문제라도 있습니까?

역시!

그건 혀가 짧아서 그렇습니다. 나중에 언어 장애가 올 수도 있으니 지금 혀 수술을 해 주는 것이 좋습니다.

불쌍한 우리 메이너드! 어떡하면 좋아. 흐흐흑!

그, 그런!

메이너드는 태어날 때부터 무척 병약했습니다.
또한 선천적으로 기형인 혀 때문에 생후 9개월
만에 혀 수술을 받아야 했습니다.

우리 메이너드를
지켜 주세요. 주님!

어떻게
됐습니까?

수술은 잘 끝났습니다.

하지만 후유증으로 말을
더듬을 수도 있어요.

후유증이라고요?

다행히 혀 수술은 성공적이었지만 메이너드는
이후 몇 년 동안 잦은 병치레로 고생했습니다.

5년 뒤, 메이너드의 여동생 마거릿과 남동생 제프리도 태어났습니다.

메이너드는 몸은 약했지만 명석한 두뇌를 지니고 있었습니다.

메이너드, 아빠 말 잘 듣고 띠리 해 봐.

이건 에이, 이건 비, 그리고 이건 씨~

괜찮아요, 아빠. 알파벳은 벌써 다 외웠어요.

호, 혼자 알파벳을 익혔다고?

그건 네가 볼 만한 책이 아니야. 다시 꽂아 놓아라.

힝.

메이너드가 볼 만한 책 좀 사다 줘요.

그래야겠어요. 애들이 볼 만한 그림책을 잔뜩 사 와야……

응?

메이너드, 아빠가 이것보다 더 재미난 책 많이 사다 줄게.

어느 날 아버지의 동료 교수들이 집을 찾아왔습니다. 그중엔 경제학 교수인 앨프레드 마셜 교수도 있었습니다.

아이가 자네가 보는 책을 읽는다고?

오, 마셜. 그렇다니까요.

허허, 겨우 다섯 살짜리가 그 어려운 책에 관심을 갖다니 참 신기해.

전 메이너드가 아이다운 책을 읽었으면 해요.

자네 닮아 똑똑한 학자가 되려고 그러나 보지.

오빠! 이거 좀 먹어도 돼?

그건 내가 몸이 안 좋아서 먹는 영양제야. 네가 그걸 뭐 하러 먹어?

첫. 나도 영양제 먹고 싶어. 나도 좀 먹으면 안 돼?

그래?

알았어. 그러면 먹어도 돼.

정말?

그치만 나중에 네 영양제가 생기면 이자 붙여서 돌려줘.

이자? 그게 뭐야?

만약 내가 너에게 반 페니를 주고, 네가 그것을 아주 오랫동안 갖고 있었다고 쳐.

그럼 너는 나한테 반 페니에다 또 하나의 반 페니를 더 보태서 돌려줘야 해. 그게 바로 이자야.

이자? 반 페니? 몰라 몰라! 영양제 내놔!

저 나이에 이자에 대한 개념을 알고 있다니!

꼬마에게 좀 물어보고 와야겠네.

메이너드, 왜 반 페니를 오랫동안 갖고 있으면 나중에 반 페니를 더 보태 줘야 하지?

그건 당연한 것 아닌가요?

만약 제가 반 페니를 빌려주지 않았다면, 전 그 돈으로 다른 많은 일을 할 수 있었을 거예요.

그 돈으로 빵을 사 먹을 수도 있고,

은행에 넣어 둘 수도 있어요.

빵을 사 먹으면 전 행복해질 거예요.
은행에 돈을 넣어 두면
안심이 될 거고요.

하지만 그 모든 걸
포기하는 거니까, 돈을
빌리는 사람은 그만큼의
보상을 해 줘야 해요!

오!

어린 메이너드의 대답은 아버지는 물론 집에 놀러 온 아빠의
동료 교수들까지 깜짝 놀라게 했습니다.

거참,
다섯 살짜리가
하는 말이라니!

자네 정말 대단한
아들을 두었군. 이 아이는
천재야, 천재!

혹시 나중에
경제학을 배우고
싶다고 하면,
나에게 보내게.

방금 한 말 어디서 배웠니, 메이너드?

책에서요.

저기 있는 책들을 지금껏 계속 읽고 있었던 거야?

네······.

맙소사! 저 책들은 네가 볼 책이 아니야!

진정하게, 존.

아빠가 어린아이답게 그림책을 보라고 했잖니?

아아! 아빠! 갑자기 머리가······. 머리가 아파요!

아아아악!

갑자기 왜 그러니? 메이너드!

머, 머리가 깨질 듯이 아파요.

메이너드!

얼른 병원에 데리고 가 봐요.

왜 우리 애가 저렇게 아파하는 거죠?

*무도병입니다.

아이의 몸이 약한데, 정신적으로 너무 왕성한 활동을 해서 생긴 병 같군요.

정신적으로 왕성한 활동이요?

*무도병: 얼굴·손·발·혀 따위가 뜻대로 되지 않고 저절로 심하게 움직이는 병

생각을 너무 많이 해서 생긴 병이에요.

몸은 약한데 지나치게 생각을 많이 하면 종종 저런 증세가 나타나기도 합니다.

그, 그런!

아이가 공부로 무리하지 않게 해 주세요.

어, 엄마.

메이너드, 이젠 안 아플 거야. 걱정 말고 푹 자렴.

요즘 메이너드가 부쩍 책 보고 공부하는 걸 좋아하던데. 어떻게 하면 좋아요?

그러게 말이오. 곧 학교에도 입학해야 하는데. 이를 어쩐다.

학교 입학을 조금 미루는 건 어떻겠소?

그것도 좋은 생각이에요.

엄마, 아빠. 저 학교 다닐 수 있어요.

그래도…….

학교 가고 싶어요. 학교에 가서 공부하고 싶은 것도 많고, 친구들 만나서 즐겁게 놀고 싶단 말이에요.

학교는 나중에 고민하고, 일단 네 건강부터 챙기자.

학교에서 공부하고 싶어. 밥 잘 먹고 운동 열심히 해서, 몸을 튼튼하게 만들어야겠다.

여덟 살이 되던 해, 메이너드는 드디어 명문 사립 학교인 성 페이스 예비 학교에 다니게 되었습니다.

메이너드, 여기가 이제부터 네가 다닐 학교란다.

공부보다는 운동을 많이 하고 친구와 친하게 지내렴. 알았지?

공부하지 말라고요?

저는 고전을 읽거나 수학 문제 푸는 일이 정말 재미있는걸요.

그건 몸이 좋아진 뒤에 해도 돼.

맞아. 가장 중요한 건 네 건강이란다.

그런데 메이너드의 학교생활은 순탄치 않았습니다.

방금 배운 공식으로 문제를 풀어 보면…….

35!

x+y+z=

35가 나와.
즉, 엑스는 35!

와!

배우지도 않은
문제의 답을 어떻게
안 거야?

머릿속으로
미리 풀어 봤어.

와! 넌 참
수학을 잘하나
보구나.

응. 난 수학 문제
푸는 게 정말
재미있어.

으윽!
갑자기
머리가
······.

왜 그래?

머, 머리가
너무 아파!

그때까지만 해도 메이너드는 혀 수술의 후유증으로 말을 더듬는 데다, 종종 찾아오는 두통 때문에 수업 시간에 어려움을 겪었습니다.

아픈 척하더니 할 일만 더 늘었네. 고소해. 하하하하!

아, 정말 그런 게 아닌데.

그 때문에 학생들에게 괴롭힘을 당하기도 했습니다.

말더듬이 메이너드잖아!

방과 후에 남은 걸 보니 수업 시간에 또 아픈 척했나 보군.

그런 거 아니야. 좀 가 줄래?

가고 말고는 내 마음이지.

몸이 아파서 늦어진 것뿐이야.

재수 없게 핑계 대기는.

잘 알지도 못하면서
함부로 말하지 마.
핑계 아니야. 정말 아팠어.

그래?
어디 얼마나 아픈지
한번 볼까?

아아아악!

아앗!
하지 마! 아파!

뭐야? 계속
기운 없는 척하더니…….
멀쩡하잖아?

이번엔 얼마나
잘 막는지 볼까?

그만해!

퍽
퍽

하, 하지 마.
정말 아프단 말이야!

메이너드, 많이 늦었네?

네…….

무슨 일 있었니? 왜 그렇게 기운이 없어?

아, 아무 일도 아니에요.

메이너드!

메이너드 몸이 불덩이 같아요.

어서 병원에 데려갑시다.

너무 많이 공부하면 안 된다고 했잖아요?

아이의 건강을 위해서라도 당분간은 공부를 무리하게 시키지 마세요.

그, 그게…….

이럴 수가! 메이너드의 건강이 학교 공부도 제대로 하지 못할 정도로 나빴다니!

오! 가여운 우리 메이너드! 흐흑!

아무래도 당분간 학업을 좀
쉬는 것이 좋겠어요.

학교를
쉬자고요?

학교에서 배우는 것만
공부는 아니잖아요?
예술을 감상하고
스포츠를 즐기게
해 줍시다.

엄마, 아빠…….
저 학교 못 가요?

좀 쉬면
괜찮아질 거야,
우리 메이너드.

건강이 악화된 메이너드는 결국 일 년 동안이나 학교를 쉬어야만 했습니다.

존 메이너드 케인스의 성공 열쇠

존 메이너드 케인스(1883~1946년)는 영국의 경제학자입니다. 그가 경제학자로 활동하던 당시 세계는 경제 공황이 닥쳐 매우 혼란스러웠습니다. 한 나라의 불황은 다른 나라의 경제에도 영향을 미쳐 전 세계의 경제가 휘청거렸지요.

케인스는 자본주의가 가진 문제점 때문에 이런 일이 발생했다고 생각했습니다. 케인스는 국가가 나서서 빈부 격차와 실업 문제를 해결하고, 대기업의 횡포를 막아야 한다고 주장했지요. 당시의 경제학자들은 케인스의 주장을 무시했지만 몇몇 나라들이 케인스의 이론에 귀 기울여 정책을 시행했고, 대공황이라는 위기를 극복할 수 있었습니다.

그럼 지금부터 케인스가 20세기를 대표하는 경제학자가 될 수 있었던 비결은 무엇인지 알아볼까요?

영국의 경제학자 존 메이너드 케인스 ⓒ 연합포토

하나 지적 호기심

케인스는 어릴 때부터 매우 영특했습니다. 세 살 무렵 알파벳을 익혔으며, 다섯 살 즈음 이미 이자에 대한 개념을 이해하고 있었어요. 학교에 입학한 뒤에는 특히 수학에 흥미를 보였지요. 그는 또래 학생들에 비해 실력이 뛰어나서, 많은 상을 받기도 했지요. 이렇듯 케인스는 다양한 방면에 관심과 소질이 있었습니다. 대학에 들어간 뒤에도 케인스는 인문 고전, 작문, 예술, 철학 등 다양한 분야에 호기심을 갖고 공부했습니다.

케인스가 전공인 수학만 열심히 공부했다면, 훗날 경제학 분야에서 그토록 훌륭한 업적을 이루지 못했을지도 모릅니다. 다양한 학문적 관심이 케인스의 사고의 폭을 넓혀 준 것입니다.

케인스가 1916년부터 30년간 살았던 집
ⓒ Myrabella

프랑스 파리의 개선문. 경제학자 케인스는 영국 대표로 '파리 강화 회의'에 참석하기도 했어요. ⓒ chuck624

둘　강한 결단력

어린 시절, 케인스는 자전거를 타다 손가락을 다친 적이
있습니다. 그때 케인스는 마차를 마냥 기다리지 않고,
곧바로 병원으로 달려갔습니다. 그의 빠른 상황 판단
덕분에 상처가 악화되는 것을 막을 수 있었지요.
케인스의 결단력 있는 모습은 어른이 되어서도
마찬가지였어요. 제1차 세계 대전 당시, 케인스는
연합군의 군사비를 관리하게 되었습니다. 그런데 그만
연합군의 군사비가 바닥을 드러내고 말았어요. 정부
관료들은 금을 팔아서라도 군사비를 확보해야 한다고
주장했지만, 케인스는 이에 반대했지요. 그는 금을 시장에
내놓으면 적대국인 독일이 연합군의 사정이 좋지 않다는
사실을 알고 전쟁을 포기하지 않을 것이라 생각했어요.
케인스는 위기 상황에서도 결단력 있게 자신의 주장을 밀고
나갔습니다. 얼마 뒤, 미국이 참전했고, 독일은 곧 항복을
선언했지요. 이처럼 케인스는 자신이 옳다고 믿는 일은 밀고
나가는 결단력을 지니고 있었습니다.

케인스가 다닌 이튼 스쿨 전경 ⓒ ell brown

who? 지식사전

역사와 전통을 가진 사립 학교 이튼 스쿨

이튼 스쿨을 졸업한 학생들은 대체로 옥스퍼드, 케임브리지 대학 같은 명문 대학교에 진학해요. 사진은 옥스퍼드 대학교 내 머튼 칼리지의 전경 ⓒ aherrero

이튼 스쿨은 영국 이튼에 있는 세계적인 명문 학교예요. 12~18세의 남학생을 위한
사립 중등 학교로, 1440년 헨리 6세에 의해 설립되었습니다. 이튼 스쿨의 학생은
총 1,200명 정도예요. 학생들은 입학하자마자 사감 선생님의 지도를 받으며 모두
기숙사 생활을 하게 됩니다. 이튼 스쿨의 학생들은 인문학, 자연 과학 등 다양한
과목을 배우고, 스포츠나 음악 등 연극 활동에도 적극적으로 참여해요. 이곳을 졸업한
대부분의 학생들은 대학에 진학하는데, 많은 학생이 옥스퍼드나 케임브리지 같은
명문 대학교에 입학한다고 해요.
이튼 스쿨은 수많은 유명 인사들이 졸업한 곳으로 유명합니다. 역대 영국 총리 중
20여 명이 이튼 스쿨 출신일 정도랍니다.

셋   낡은 사고에 대한 비판 의식

케인스는 기존의 관례, 관습을 그대로 따르지 않았어요. 그는 오히려 아무런 생각 없이 관습을 따르면, 상황이 더 나빠질 수도 있다고 생각했지요. 케인스는 케임브리지 대학교에 와서 여러 모임에 가입하고, 이러한 자신의 생각을 많은 학생과 나누었어요. 낡은 사고에 대한 케인스의 비판 의식은 그의 결혼식만 보아도 알 수 있습니다. 케인스는 교회나 성당이 아닌 중앙 등기소에서 결혼식을 치렀지요. 꼭 예식장으로 지정된 장소에서 결혼식을 치러야 한다는 고정 관념을 깨고 싶었던 거예요.

경제학자가 된 뒤에도 케인스의 비판 정신은 그대로 이어졌어요. 당시의 다른 경제학자들과 다르게, 케인스는 경제 상황을 인간이 예측해 조정할 수 있다고 생각했습니다. 화폐, 실업률, 인구 등을 인간의 힘으로 조절해야 한다고 생각한 거지요. 처음에 경제학자와 정부 관리들은 케인스의 주장을 받아들이지 않았지만, 케인스는 끊임없이 토론하며 사람들을 설득했습니다. 그렇게 몇 년이 지난 뒤, 마침내 케인스의 이론은 21세기를 이끌어 나갈 새로운 경제학으로 주목받게 되었습니다.

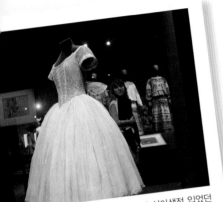

케인스의 부인 리디아 로포코바가 살아생전 입었던 옷. 2011년 에스파냐의 한 박물관에 전시된 것입니다. ⓒ 연합포토

넷   글쓰기 능력

케인스는 어린 시절부터 글쓰기를 무척 좋아했어요. 학창 시절 일주일에 한 번씩은 아버지와 편지를 주고받을 정도였지요. 그는 복잡한 내용을 깔끔한 글로 순식간에 정리해 주위를 놀라게 하기도 했어요. 이와 같이 케인스는 글을 써서 상대방에게 자신의 생각을 논리적이고 설득력 있게 전달하는 능력이 뛰어났습니다. 그래서 경제학자가 된 뒤에 경제학 분야에서 많은 베스트셀러를 남겼습니다.

이튼 스쿨의 예배당 ⓒ HerryLawford

부모님의 헌신적인 도움

케인스의 부모님은 교육에 대한 관심이 높았어요.
아주 사소한 것이라도 케인스에게 도움이 되면 지원을
아끼지 않았지요. 어머니 플로렌스는 케인스를
데리고 자주 연극을 관람하러 다녔어요. 또 집에서 시
낭송회를 열어 케인스에게 예술적인 감성이 자라나도록
도와주었습니다.

아버지의 도움 또한 매우 컸습니다. 케인스의 아버지는
병약한 케인스에게 매우 헌신적이었습니다. 아버지는
자신의 서재 한쪽에 케인스의 책상을 마련해 두고, 이른
아침부터 밤늦게까지 함께 공부하고, 함께 운동하며
케인스의 건강이 회복될 수 있도록 보살펴 주었지요.
이러한 아버지의 노력 덕분에 그는 몇 년 뒤 건강을
되찾을 수 있었습니다.

존 메이너드 케인스의 성공 뒤에는 이런 부모님의 사랑과
노력이 있었던 것입니다.

'참다운 대학 도시'로 불리는 케임브리지 전경 ⓒ Anton Ruiter

케임브리지 대학교의 피츠윌리엄 박물관 ⓒ dullhunk

who? 지식사전

케인스가 태어난 도시, 케임브리지

피츠윌리엄 박물관 내부 ⓒ yellow book

케임브리지는 예로부터 런던과 북부 지방을 잇는 교통의 요지였어요. 교통이
편리한 덕분에 중세 시대에 '시장 도시'로 알려질 만큼 상업이 발달했지요. 지금은
명문 케임브리지 대학교 캠퍼스들이 도시 곳곳에 위치하고 있어, '영국 유일의
참다운 대학 도시'로 불리고 있습니다.
영국 케임브리지 대학교에 가면 꼭 놓치지 말고 들러야 할 곳이 있어요. 바로
피츠윌리엄 박물관이에요. 피츠윌리엄 박물관에는 알찬 수집품이 많이 있답니다.
이 박물관에는 '한국관'도 있는데, 여기에는 고려청자를 비롯해 우리나라의 도자기
130여 점이 전시되어 있지요.

2 세상에서 가장 위대한 친구

메이너드의 부모님은 메이너드의 건강을 회복시키기 위해 노력했습니다.

독서 대신 곤충 채집 같은 바깥 활동을 자주 하다 보면 메이너드의 건강도 좋아질 거예요.

부디 공부 외에 다른 활동에도 흥미를 느껴야 할 텐데요…….

얘들아! 곤충 채집 가자꾸나.

좋아요. 아빠!

와! 나비다.

근데 나비로 뭐 하실 거예요?

궁금하니? 날 따라와 보거라.

짠~!

와! 이게 다 뭐예요?

그동안 내가 수집해 놓은 나비들이란다.

언제 이렇게 많은 나비를 모으셨어요?

시간 날 때마다 틈틈이 모았지.

정말 예뻐요.

그렇지? 후훗!

이건 무슨 책이에요?

우표를 수집해 놓은 책이야.

와, 아빠! 멋진걸요.

그렇지? 메이너드도 앞으로 이런 취미를 가져 보는 게 어떠니?

재미도 있고,
연구심과 정리하는
습관도 생기게
되니, 일석이조란다.

아마 곤충 채집의
매력에 푹
빠지게 될 게다.

네! 저희도
한번 해 볼게요.

독서와 공부에만 집중하던 메이너드는 우표를
수집하고, 나비나 곤충을 채집하기도 했습니다.

이얏! 얍!

어어!

앗!

형처럼
운동 신경이 둔한
사람은 처음 봐.
하하!

그러게,
호호호!

뭐? 저것들이!

메이너드는 가족들과 함께 시 낭송도 하고, 공연도 보러 다니면서 조금씩 건강을 되찾았습니다.

오늘 〈걸리버 여행기〉를 공연한다고 하는구나. 다 같이 관람하러 가자.

참, 그러고 보니 오늘은 새 우표를 판매하는 날인데 깜빡 잊고 있었네.

애들이랑 먼저 가고 있어요. 난 우표 사서 곧 뒤따라갈게요.

아빠, 제가 우표 사러 갔다 오면 안 될까요?

뭐? 네가?

공연 시간에 맞추려면 달려갔다 와야 하는데…….

얼른 뛰어갔다 올게요.

메이너드! 넌 아직 몸이…….

괜찮아요, 엄마 걱정 마세요

아니, 쟤가!

그냥 둬요. 메이너드가 저렇게 자신 있어 하니 지켜봅시다.

메이너드가 왜 안 올까요? 두통 때문에 쓰러진 건 아닐까요?

조금만 더 기다려 봐요. 메이너드를 믿어 봅시다.

헉헉!

늦으면 내가 또 쓰러진 줄 알고 부모님께서 걱정하실 거야. 조금만 더 힘내자. 헉헉!

저기 봐요!

오빠가 오고 있어요!

메이너드!

아빠, 여기요! 우표 사 왔어요.

다행이야. 메이너드, 사실 우린 조금 걱정했다. 무슨 일 있을까 봐 말이야.

메이너드, 몸은 괜찮니? 숨이 가쁘진 않았어?

네. 괜찮아요.

형아, 우리 것도 있어?

그럼, 물론이지.

와! 예쁘다.

메이너드의 건강이 많이 좋아진 것 같아서 정말 다행이에요.

내가 뭐라고 했어요? 메이너드는 이제 또래 아이들처럼 건강한 아이라고요.

공연 시작할 시간이 됐네요. 그만 들어갑시다.

시험이 얼마 안 남았는데 공연 봐도 괜찮을까?

보고 나서 열심히 공부하면 되잖아.

우리 오늘만은 공부고 시험이고 다 잊어버리자.

그래! 그러자!

공부? 시험? 학교…….

나도 이젠 학교에 가서 공부하고 싶어.

메이너드, 오늘 공연 재미있었니?

네, 재미있었어요. 그만 제 방으로 들어갈게요.

메이너드가 왜 저렇게 시무룩할까요?

아까 학교에 다니는 또래 학생들을 보고 그러는 것 같소.

그 마음 이해해요. 메이너드도 얼마나 학교에 가고 싶겠어요. 가뜩이나 공부를 좋아하는데……

메이너드를 학교에 다시 보내는 건 어떨까요?

그래요. 그러도록 합시다.

메이너드가 정말 좋아하겠네요!

부모님의 관심과 노력 덕분에 메이너드의 건강은
크게 좋아졌고, 다시 학교에 다니게 되었습니다.

메이너드, 이제 학교에
갈 만큼 건강해진 것
같구나.

아빠! 그럼 저
이제 학교에
가는 거예요?

그래. 공부도 하고
좋은 친구도 많이
사귀렴.

아빠, 정말
열심히
할게요!

엄마, 아빠.
제 건강이 좋아진 건 다
엄마 아빠 덕분이에요.
저를 가까이에서
응원해 주셨잖아요.

앞으로 학교에 가서
아무리 좋은
친구를 많이
사귄다 해도
엄마, 아빠만큼
좋은 친구는
없을 거예요!

두 분은 저에게
세상에서 가장 위대한
친구예요.

학업을 쉬는 동안 메이너드의 키는 훌쩍 자라 있었습니다.
또한 더 이상 말도 더듬지 않게 되었습니다.

메이너드잖아?

응. 다시 학교에 나오기로
한 모양이더라.

그래? 히히.
심심하던 차에 잘됐네.
좀 놀려 줘야겠어.

응? 뭐라고?
너 방금 나한테
뭐라고 했어?

헉! 어느새 이렇게
키가 컸지?

거기! 꾀병쟁이
메이너드잖아?

아, 아냐.
별 말 안 했어.

자, 이 공식은 필기해 뒀다가 집에서 달달 외워 와. 못 외우면 혼난다!

선생님!

뭔가, 존 메이너드 케인스?

수학은 암기 과목이 아닌데 왜 자꾸 외우라고만 하시는 거예요?

뭐?

너희들이 문제를 못 푸니까 그렇지!

결론이 나오게 된 과정을 차근차근 배운 다음에 문제에 대입하면 돼요. 이제 공식이 나온 과정도 알려 주세요.

지금 내 수업 방식이 잘못됐다는 거냐?

좋아! 설명하지. 대신 공식을 설명한 다음에 내가 낸 문제를 풀지 못하면, 넌 벌을 받게 될 거다.

네, 알겠습니다.

자, 메이너드. 칠판 앞에 나와라. 얼른 이 문제를 풀어 봐라.

아, 아니!

다 풀었어요.

정답이잖아! 저 어려운 문제를 쉽게 풀다니!

흠, 보통이 아닌 애군.

조, 좋아. 암기는 필요한 사람만 해도 좋다.

와아!

앞으로는 필기하기 전에, 문제를 풀 수 있는 방식을 가르쳐 주셨으면 좋겠어요. 그럼 공식을 무조건 외우는 것보다 이해가 잘 되거든요.

메이너드는 기존의 방식이 잘못되었다고 판단되면
여러 각도에서 생각해 보고, 자신의 의견을 당당히 주장했습니다.

잘했어. 네 덕분에
수학 암기 안 해도
되게 생겼네.

오늘 나랑 집에
같이 갈래?

응, 좋아.

너 대단하더라.

뭐가?

아까 수학 선생님한테
맞설 용기는 대체
어디서 난 거야?

나도 선생님께 대드는 것 같아
마음이 편치만은 않았어.
하지만 잘못된 건 바꿔 나가야지.
두려움 때문에 주저해선 안 돼.

잘난 척하는 거야?
진짜 용감한 거야?

우와! 폭죽놀이다!

파바방
파방

메이너드가 다른 일에도
용감한지 시험해 볼까?

우리 집에도 폭죽이 있는데,
난 불안해서 못 터뜨리겠어.

왜?

형이 만든 거라
불량품일지도 모르거든.

우아, 직접
만든 거라고?
나도 구경하고
싶어!

네가 한번
터뜨려 볼래?

어디 줘 봐.

음, 한번 해 볼게. 할 수 있을 것 같아.

저, 정말 괜찮겠어? 내키지 않으면 안 해도 돼.

형이 만든 걸 못 믿으면 어떡해? 그렇게 걱정되면 멀리 떨어져 있어.

메이너드! 사실은 네가 다른 일에도 용감한지 시험해 보려고 그랬어. 그 폭죽 진짜 불량일지도 몰라.

뭐? 날 시험하려 했다고?

미안해. 그러니 하지 마.

아니, 난 해 볼래.

난 무슨 일이든 주저하지 않을 거야. 두려움 때문이라면 더더욱!

아아!

파 바 박 파방

메, 메이너드! 어딨니?

난 괜찮아. 네 형이 만든 폭죽은 완벽했어.

와~ 너 정말 용감하구나. 대단해!

후훗!

메이너드는 결국 폭죽을 터뜨리고야 말았습니다. 이렇듯 메이너드는 무슨 일이든 용기 있게 도전해 보는 성격을 지니고 있었습니다.

학교 다녀왔습니다.

메이너드, 생일 축하한다!

깜짝이야!

자, 생일 선물이야. 학교 다닐 때 타고 다니렴.

와! 고마워요. 아빠!

그런데 전 아직 자전거 탈 줄 모르는걸요?

내가 가르쳐 주마. 우선 시범을 보여 주지.

어이쿠! 오랜만이라 쉽지 않은걸?

어휴. 제가 타 볼게요.

당신도 타기 힘들 것 같은데?

어엇?

콰당

그냥 제가 한번 타 볼게요.

와! 오빠 잘 탄다!

헉! 우리보다 훨씬 잘 타잖아!

메이너드가 운동 신경이 좋았네요!

자전거 선물하길 참 잘했어요.

그러게 말이에요. 좋아하는 모습을 보니 뿌듯하네요.

우리 생일 때도 자전거 선물해 주실 거죠?

방과 후에 틈틈이 연습한 메이너드는 금방 자전거를 잘 탈 수 있게 되었습니다.

같이 가, 형!

몇 달 뒤, 남동생 제프리에게도 자전거가 생겨 두 사람은 함께 자전거를 타고 학교를 오가게 되었습니다.

페달을 힘껏 밟아 봐, 제프리! 하하!

조, 조심해, 형!

앗!

아니에요. 손가락만 다쳤는걸요. 그냥 제가 병원까지 달려갈게요.

뭐?

같이 가, 형!

얘, 애야!

자전거 사고로 손가락을 다쳤을 때, 메이너드는 다른 마차를 기다리기보다는 병원으로 달려가는 방법을 택했습니다.

그의 빠른 상황 판단 능력이 발휘되는 순간이었습니다.

메, 메이너드!

우리 아들은 어떻게 되었나요?

빨리 병원에 온 덕분에 수술을 성공적으로 마쳤습니다.

메이너드!

엄마, 아빠!

걱정을 끼쳐
드려서 정말 죄송해요.
자전거를 좀 더
조심해서
타야겠어요.

그래도 이만하길
천만 다행이야.

네가 병원에 빨리 온 덕분에
수술에 성공했다는구나.
잘했다.

메이너드는 위급한 상황에서도 빠른 판단력을 발휘해,
손가락에 후유증이 남는 것을 막을 수 있었습니다.

큰일 날 뻔했어요. 그래도 메이너드가 용기 있게 판단을 해서 정말 다행이에요.

맞아요. 하지만 그렇더라도…….

어린아이가 혼자서 판단하고 행동하는 건 위험한 일이에요. 내가 옆에서 잘 지도해야겠어요.

그날 이후로 아버지는 메이너드의 학업과 생활을 지도하며 끊임없이 조언해 주었습니다.

경제학의 이모저모

하나　경제학은 무엇인가요?

'경제' 하면 나와 별 상관이 없다고 생각하기 쉽지만, 사실은
우리 모두 경제 활동을 하고 있습니다. 가게에서 먹을 것을
사고, 몸이 아파 병원에 가는 것 모두 경제 활동입니다.
이렇듯 경제는 우리의 일상과 깊은 관련을 맺고 있어요.
그런데 경제 활동을 하다 보면, 문제가 생길 때가 많아요.
가난한 사람과 부유한 사람이 나뉘고, 기업과 노동자 간에
다툼이 생기기도 합니다. 더 나아가 여러 나라의 경제 문제가
긴밀히 얽혀 있어 혼란스러울 때도 있어요. 경제학은 이러한
문제들을 연구하고, 해결하기 위해 생겨난 학문이에요.
경제학은 인간의 생활 속 경제 활동을 연구해, 그 안에
흐르는 논리를 밝혀냅니다. 이런 과정을 통해 수많은 경제
문제를 해결하고, 더 나은 세상을 만들어 주지요.

우리가 가게에서 원하는 물건을 사는 것도 경제 활동
의 일종이에요. ⓒ Bitman

둘　왜 경제학을 배워야 하나요?

커피의 원재료인 원두를 생산하기 위해, 아프리카의
어린아이들이 동원되는 경우가 많다고 합니다. 노동력 착취,
불공정한 무역이 이루어지고 있는 것입니다. 이렇듯 커피
원두 하나를 두고도 경제의 문제점을 짚어 낼 수 있지요.
우리는 경제학을 배우면서, 이와 같은 상황을 어떻게
해결해야 할지 생각해 보게 됩니다. 어떻게 하면 많은 사람이
경제적 권리와 혜택을 누릴 수 있을지, 또 어떻게 하면 사회를
효율적으로 만들 수 있을지 고민하게 되지요. 경제학은
여러분이 우리나라는 물론, 전 세계를 바른 눈으로 해석할 수
있도록 이끌어 줄 것입니다.

커피 열매를 생산하는 데에도 노동자의 땀과 노
력이 서려 있습니다. ⓒ colros

셋   경제학의 역사는 어떠한가요?

원시 시대에는 경제 활동이 지금처럼 복잡하지
않았습니다. 스스로 먹고, 입고, 자는 모든 것을
해결했지요. 그런데 이러다 보니 점차 불편함을 느끼게
되었습니다. 그러던 어느 날 사람들은 내가 잡은 고기를
옆집의 곡물과 바꾸면 더 편하다는 사실을 알게 됐지요.
교환의 편리함을 깨닫게 된 것입니다.

점차 사람들은 자급자족을 벗어나 물물 교환을
시작하게 되었습니다. 누군가는 교환을 통해 이득을 보기도
하고, 반대로 누군가는 손해를 보게도 되었지요. 얼마
뒤, 교환을 편리하게 해 주는 화폐가 생겨났어요. 화폐가
만들어지면서 경제 활동 규모는 더 커지고, 복잡해졌습니다.
이런 상황에서 생겨나는 여러 문제들을 해결하기 위해
경제학이 발달하기 시작했어요. 무역이 활발해진 16세기부터
유럽에서 조금씩 경제학 연구가 이루어졌습니다. 경제학이
하나의 학문으로 자리잡고, 대학에서 가르치게 된 것은
19세기 이후의 일이라고 해요.

최근 들어 나라 간 무역이 활발해지면서 경제 활동의
범위가 더 넓어졌습니다. ⓒ shutterstock

세계 여러 나라의 화폐 ⓒ epSos.de

who? 지식사전

소금이 '화폐'라고?

'화폐'는 물물 교환을 더 편리하게 만들어 주는 수단입니다. 지금은 금속이나 종이로
그 형태가 통일되어 있지요. 그런데 예전에는 소금이 화폐로 쓰인 적도 있답니다.
예로부터 동·서양 모두 소금을 귀하게 여겼습니다. 인간이 살기 위해서는 몸에
염분이 꼭 필요한데, 소금을 구하기가 쉽지 않았기 때문이지요. 사람들은 소금을
구하기 위해 해안가나 돌소금이 있는 지역으로 모여들었어요. 많은 사람들이
드나들면서, 자연스럽게 그 지역은 물물 교환의 중심지가 되었습니다. 이때부터
사람들은 소금을 화폐처럼 사용하기 시작했어요. 고대 그리스에서 소금은 노예를 살
수 있는 화폐 역할을 했으며, 여러 나라들이 소금으로 세금을 내기도 했습니다. 또한
에티오피아에서는 19세기 말까지 소금 막대기를 화폐로 썼다고 합니다.

지폐가 없던 때에는 소금이 돈으로 쓰이기도
했어요. ⓒ SoraZG

통합

지식+ 2

넷 **경제 문제는 왜 생기나요?**

이 세상 사람 모두가 사고 싶은 것을 다 사고, 갖고 싶은 것을
마음껏 가질 수 있다면 경제 문제는 생기지 않을 거예요.
하지만 안타깝게도 원하는 것을 모두 가질 수는 없습니다.
빵, 옷, 컴퓨터 등 대부분의 물건을 가지려면 반드시 대가를
지불해야 하지요. 왜 그래야 하냐고요? 햇볕, 공기와는 달리
빵, 옷, 컴퓨터와 같은 자원은 한정되어 있기 때문입니다.
자원의 양은 정해져 있다는 점, 바로 여기에서부터 경제
문제가 생겨납니다. 사람들은 한정된 자원을 두고 어떻게
이용해야 더 큰 만족을 얻을 것인지 고민하게 되지요.

물건을 사려면 그에 맞는 대가를 지불해야 해요.
© Rev Dan Catt

다섯 **자본주의, 사회주의가 뭔가요?**

한정된 자원을 두고 생기는 경제 문제들을 풀어 나가는
질서와 제도의 틀을 '경제 체제'라고 합니다. 대표적인
경제 체제를 꼽자면 자본주의와 사회주의를 들 수 있지요.
사회주의를 대표하는 나라는 소련(소비에트 연방, 지금의
러시아를 중심으로 한 동유럽 국가들의 연합으로 1991년
해체됨.)이고, 자본주의를 대표하는 나라는 미국이에요.
우리나라 역시 자본주의 체제를 따르고 있지요.
두 경제 체제 사이의 가장 큰 특징은 사회주의에서는 대체로
개인이 재산을 소유하는 것을 인정하지 않는다는 점이에요.
그래서 사회주의 사회에서는 '부자'가 생길 수 없어요.
재산을 더 많이 가진 것이 부자인데, 대부분의 사회주의
국가에서는 '가진다는 것' 자체를 인정하지 않으니까요. 이와
달리 자본주의에서는 개인이 재산을 갖는 것을 당연한 일로
인정합니다.
또 하나 차이점은 사회주의가 철저한 '계획 경제'를 따르고
있다는 점이에요. 계획 경제 체제에서는 물건을 얼마나

자본주의를 상징하는 미국 월스트리트
© othermore

만들 것인지, 가격을 얼마로 정할 것인지를 국가가
정합니다. '올해 신발은 1,000켤레 필요하고, 가격은
30,000원이야.' 하는 식으로 말이지요. 그런데 만약
신발이 1,000켤레보다 더 필요하면 어떻게 해야
할까요? 어쩔 수 없이 어떤 사람들은 신발을 벗고
다녀야 할지도 모릅니다.

이렇듯 계획 경제의 단점은 모든 것이 계획대로
이루어지지는 않는다는 데에 있습니다. 반면 자본주의
사회에서는 이 모든 것을 기업이 자유롭게 정합니다.
기업은 이윤을 얻기 위해 값이 싸고 질이 좋은 품질을
생산하려고 노력하지요.

사회주의는 '모든 사람이 똑같이 일해 똑같이 나누어
갖자'고 주장합니다. 하지만 이론처럼 완벽한 국가를
만들기는 어려워 보입니다. 1990년대 소련이 무너진
것만 보아도 알 수 있지요. 사회주의 국가인 중국은
현재 부분적으로 자본주의를 받아들여 변화를
꾀하고 있습니다. 지금 남아 있는 사회주의 국가는
쿠바, 북한 등 몇 나라뿐이에요.

쿠바의 수도 아바나. 쿠바도 사회주의 국가 중 하나예요.
© Nouhailer

중국 상하이. 자본주의를 받아들인 중국의 경제는 빠르게
발전하고 있어요.

who? 지식사전

우리 경제의 특징

우리나라 경제의 특징을 살펴보면, 먼저 사람들이 자신의 의사에 따라
자유롭게 경제 활동을 하고 있다는 점을 들 수 있어요. 모두들 자신의 능력과
적성에 따라 자유롭게 직업을 선택하고, 열심히 일해서 소득을 얻지요.
이렇게 얻은 소득을 어떤 곳에 소비하고, 얼마나 저축할지는 스스로 결정해야
해요. 기업도 무엇을 얼마나 생산할 것인지 자유롭게 결정합니다.
또한 우리는 원하는 것을 얻기 위해 서로 경쟁하면서 경제생활을 합니다.
원하는 일자리를 얻기 위해 다른 구직자들과 경쟁하는 것, 원하는 물건을
사기 위해 경매에 참여하는 것도 모두 경쟁의 한 모습이에요.

농산물을 경매하는 모습
© DC Central Kitchen

3 명문 고교 이튼에 입학하다

네 책상이다. 이제부터 여기서 나와 함께 공부하자꾸나.

아빠 서재에서요? 여기서 함께 공부한다고요?

그래. 내가 네 건강도 챙기면서 함께 공부하면 좋을 것 같구나. 아빠가 도와줄게.

아빠! 고맙습니다.

건강이 좋아진 메이너드는 이제 예전처럼 몸이 아프지 않았습니다. 하지만 메이너드를 걱정한 아버지는 함께 공부하며 아들을 세심하게 살폈습니다.

공부를 오래 쉬었으니, 부지런히 진도를 쫓아가야 할 게다. 메이너드, 난 널 믿는다.

아빠! 저 정말 열심히 할게요! 제 모습을 지켜봐 주세요.

보름 뒤에 시험이 있다. 모두들 착실히 공부하도록!

예!

드디어 내 실력을 발휘할 때가 왔어!

으아, 이 수학 문제 너무 어렵다. 좀 도와줘, 메이너드!

이건 공식만 알면 간단해. 이거 봐, 이렇게 풀면 돼.

메이너드, 넌 정말 최고야!

나도 좀 가르쳐 줘.

나도! 나도!

에구, 한 사람씩 물어봐! 하하.

그러던 어느 날, 수업이 끝나고 집에 가던 길이었습니다.

맞아! 진짜 모르는 게 없다니까.

앞으로도 궁금한 게 있으면 언제든지 물어봐.

메이너드가 있어서 든든해.

오늘은 이쪽 길로 가 보자.

앗!

수재들만 모이는 바로 그곳이요?

그래, 맞아.

지금 네 성적이라면 충분히 가능할 것 같아.

그렇다고 무리하진 말고.

이튼 스쿨에 가면 뛰어난 학생들이 많을 거야. 그들과 함께 공부하는 것도 나쁘지 않지.

좋은 생각 같아요. 수재들 틈에서 공부하면, 저도 더 열심히 할 것 같고요.

그럼. 우리 아들이라면 분명 잘할 것 같구나.

메이너드는 방으로 돌아와서 이튼 스쿨에 대해 곰곰이 생각해 보았습니다. 좋은 환경에서 열심히 공부하는 일은 생각만으로도 기뻤습니다.

이 정도는 공부해야 이튼 스쿨에 합격할 수 있을 거야!

이튼 스쿨은 학비가 비싸댔어. 이왕 입학하는 거 장학생이 되어야지.

앞으로 이튼 스쿨에서 열심히 공부해야지. 훌륭한 사람이 되어 이 세상에 보탬이 될 거야.

난 할 수 있어! 이튼 스쿨에서 수재들과 함께 경쟁하며 내 실력을 키우고 싶어!

메이너드는 서두르지 않고 차근차근 공부해 나갔습니다.

그리고 시험을 본 결과, 반 일등이라는
좋은 성적을 얻게 되었습니다.

일등이라니!
정말 잘했다.

이 정도면 이튼 스쿨에
충분히 입학할 수
있겠구나.

그 뒤로도 메이너드는 일등을 놓치지 않았습니다.

최선을 다하거라,
내 아들!

네, 아빠!

어느덧 이튼 스쿨 입학시험을 치르는
날이 다가왔습니다.

사흘 동안의 입학시험을 치른 끝에 메이너드는 마침내
이튼 스쿨 장학생에 선발되었습니다.

내 아들 메이너드!
네가 해냈어,
해냈다고!

1897년, 이튼 스쿨에 입학한 메이너드는 처음으로 집을 떠나 홀로 생활하게 되었습니다.

그동안 너의 공부하는 습관, 행동 패턴 등을 메모해 놓은 노트다. 앞으로 큰 도움이 될 게야.

엄마 아빠와 멀리 떨어져 있다고 서운해하지 말고, 편지 자주 하렴.

네, 그럴게요.

항상 몸조심하렴.

집에 자주 놀러 와.

그래. 잘들 있어.

새로운 생활! 활기찬 도전! 존 메이너드 케인스, 잘해 보자!

모두들 기숙사에 온 걸 환영한다.

모든 규정은 엄격하게 적용될 것이다. 복장부터 시작해서 기숙사 생활 전부 말이다!

규정을 지키지 못하는 학생은 퇴출되니 명심해. 모두 알겠나?

한 방에서 여러 명이 생활하는 거야?

상급생이나 우등생에게만 개인 방을 준대.

이튼 스쿨의 학칙은 매우 엄격했습니다.

여긴 수업이나 실습을 받을 때도 양복을 갖춰 입어야 된대.

진짜 까다롭네.

사회의 지도층이 되려면 이런 건 당연하지.

이튼은 상류층 아이나 영재들만 올 수 있는 학교야. 상류층 흉내를 내는 속물을 길러 내는 곳이 아니라고.

이런 걸로 투덜대다니, 상류층답지 못하다. 그래서야 이 학교에 적응할 수 있겠어?

뭐, 상류층?

와~ 쟤네들 잘난 척하는 것 봐.

아, 이곳에서의 생활이 만만치 않겠구나.

거기, 누구야! 빨리 방에 들어가지 않고 뭐 해? 셋 셀 때까지 얼른 들어가!

메이너드는 일주일에 한 번 이상 부모님께 편지를 썼습니다.

어머니, 아버지! 이곳 생활이 쉽지만은 않아요. 그래도 믿을 건 공부뿐이니, 기죽지 않고 앞으로 공부에만 전념해야겠어요.

메이너드는 하루에 10시간씩 공부했고, 성적이 눈에 띄게 향상되었습니다.

고전 문학에서 1등,
수학에서 2등! 잘했다.
존 메이너드 케인스!
이 정도면 아주
훌륭하구나.

곧 그는 우수한 성적의 학생들에게만
준다는 개인 방을 갖게 되었습니다.

축하해.
메이너드!

이제 혼자 방을
쓸 수 있겠다!

아, 기분 좋다. 얼른 방
청소하고 샤워해야지.

뜨거운 물이 안 나오잖아?

여기 온수가 안 나와.
뭐가 고장 난 거지?

원래 온수가
잘 안 나오더라고.
그냥 찬물로 씻어.

말도 안 돼!
이런 명문 학교에
돈이 없을 리가!

글쎄…….

학교 예산만 잘
집행해도 아무런
문제가 없을 텐데.

누가 들으면
어쩌려고 그래?

누가 들더라도 상관없어.
명백히 잘못된 건
고쳐 나가야
한다고 생각해.

그냥 지나칠 수 없어.
교내 토론회에
이야기해 봐야겠어.

그래도
될까…….

……아버지. 샤워할 때 온수가
나오지 않아요. 담당자에게
문제가 있다고 생각해요.
더 놀라운 건 이런 상황인데도
학교에 문제 제기를 하는 학생이
아무도 없다는 거예요.

메이너드는 잘못된 점이 있으면
바로 고쳐 나가려고 했습니다.

행 정 실

메이너드는 이튼 스쿨에서도 상위권을 유지했습니다.

이번에도 일등! 정말 대단하다!

고마워!

이제 졸업이 코앞이네. 넌 뭘 전공할 거야?

메이너드는 수학, 고전 문학, 철학 다 잘하잖아.

일단 수학을 전공하려고 마음먹었어. 예전부터 수학을 공부할 때 가장 즐거웠거든. 수학이라면 자신 있어.

하지만 무슨 학문을 전공하든, 사회에 직접적인 도움이 되었으면 좋겠어.

좀 있으면 졸업인데, 대학교는 정했니?

옥스퍼드나 케임브리지가 어떨까 해요.

케임브리지라면 우리가 나온 학교잖니?

네. 공부하기에 좋은 환경 같아요.

메이너드는 대학 입학시험에 최선을 다했습니다.

하루 종일 꼼짝도 않고 공부만 하네!

도저히 메이너드를 따라갈 수 없다니까.

그 결과 메이너드는 졸업할 때 특별 상금을 받았습니다.

한턱 내야지. 메이너드!

상금으로 벌써 책을 사 버렸어.

뭐라고?

또한 케임브리지 대학에 우수한 성적으로 입학해 장학금과 여러 혜택을 받았습니다.

장하다. 메이너드! 네가 자랑스럽구나.

모두 어머니 아버지 덕분이에요.

중앙은행

예전에는 금과 은을 화폐로 쓰던 시절도 있었어요. 그런데 이 화폐는 만드는 데 비용이 많이 듭니다. 그래서 사람들은 금 대신 종이로 화폐를 만들기 시작했어요. 바로 지폐지요. 그렇다면 지폐는 어디에서 만들까요? 바로 각 나라의 '중앙은행'이에요. 그럼 지금부터 중앙은행이 무슨 역할을 하는지 알아보도록 해요.

금과 은을 직접 동전으로 만들어 쓰던 때도 있었어요.
ⓒ Investing in Gold

하나 　화폐를 만들어요

한 나라의 화폐를 여러 곳에서 만들면 어떻게 될까요? 사람들은 어떤 돈을 써야 할지 헷갈릴 것이고, 나라 경제는 큰 혼란에 빠질 것입니다. 그래서 대부분의 국가들은 중앙은행을 두어 돈의 공급을 책임지게 해요. 중앙은행에서 지폐와 동전의 모양, 크기, 수량을 결정하여 돈을 만들고, 이 가치를 정부가 보장해 주지요. 우리나라의 경우에는 '한국은행'에서 화폐를 만듭니다. 만약 누군가 한국은행에서 발행한 지폐와 똑같은 모양의 지폐를 만든다고 해도, 그것은 실질적인 돈의 역할을 할 수 없어요. 정부로부터 가치를 보장받지 못했기 때문이에요. 게다가 이런 위조지폐를 만드는 것은 한 나라의 경제 질서를 흐리는, 절대 해서는 안 되는 위법 행동이지요.

고대 인디언들은 카카오 콩을 화폐로 삼기도 했어요.
ⓒ shutterstock

둘 　돈의 가치를 보장해요

중앙은행이 맡은 막중한 임무가 하나 더 있어요. 바로 경제 안정을 위해 돈의 가치를 일정하게 유지하는 것이에요. 각 나라의 중앙은행은 경제 사정에 따라 화폐의 양을

조정합니다. 나라 경제가 불황에 빠지면 중앙은행은
돈을 더 찍어 내요.
그래야 시중에 돈이 돌고, 투자가 살아나기
때문이에요. 반대로 나라 경제가 호황일 때에는 화폐를
평소보다 덜 찍어 냅니다. 물가가 급격히 오르는 일을
막기 위해서예요. 이렇듯 화폐의 양을 조정해 경제
상황의 수준을 조절하는 것을 '통화 정책'이라고 합니다.
한국은행의 경우, 7명의 위원으로 구성된 금융 통화
위원회가 통화 정책을 결정해요. 금융 통화 위원회 회원은
경제 전문가들로 구성되어 있지요.

우리나라의 중앙은행인 한국은행 ⓒ 연합포토

셋 은행에 돈을 빌려줘요

우리는 돈이 부족하면 은행에서 돈을 빌리지요. 또한
남는 돈을 은행에 맡겨 저축하기도 해요. 그런데
만약 우리에게 돈을 빌려주는 은행이 돈이 모자라면
어떻게 될까요? 은행으로부터 돈을 맡긴 사람은 돈을
돌려받지 못해 큰 피해를 볼 거예요. 이렇게 되면
은행에 대한 사람들의 신뢰가 흔들리고, 은행은 문을
닫게 될 수도 있어요. 이런 상황을 방지하기 위해,
중앙은행은 다른 은행에 필요한 자금을 빌려주는
역할을 합니다.

영국의 중앙은행인 영국은행 ⓒ Terrasalvus

넷 정부의 은행 역할을 해요

중앙은행은 정부를 상대로 은행 역할을 하기도 해요. 정부는
국민에게 거둔 세금을 중앙은행에 맡기지요. 중앙은행은 이
세금을 받아서 보관하고 있다가 정부가 필요할 때 지급하지요.
또한 정부가 국민들로부터 돈을 빌릴 때에 국채를 발행하는데,
이때 국채의 발행 업무를 맡는 곳도 중앙은행이랍니다.

세계 경제 기구

오늘날에는 국가 경제를 책임지는 것뿐만 아니라, 세계의 경제 질서를 바로잡는 것도 중요해요. 한 나라의 국가 경제는 다른 나라와 긴밀히 연결되어 있기 때문이에요. 지구촌에서 생기는 경제 문제를 공동으로 해결하는 세계 경제 기구에는 어떤 것이 있는지 알아볼까요?

오늘날에는 나라끼리 물건의 교역이 더욱 활발해지고 있어요. 사진은 우리나라 회사가 새 휴대폰을 미국에서 소개하는 행사 모습이에요. ⓒ E-Plus Gruppe Fotostream

하나 국제 통화 기금(IMF)

국제 통화 기금은 각 국가가 적절한 외화를 보유해, 세계 경제가 안정되도록 돕습니다. 우리가 다른 나라로부터 돈을 빌리거나 물건을 수입한 만큼 외화를 벌어들이지 못하면 어떻게 될까요? 그럼 외국에 빌린 돈을 갚느라 외화 보유고(국가가 보유하고 있는 외화와 금의 총액)가 텅텅 비고, 나라 경제가 혼란에 빠질 거예요. 이때 국제 통화 기금에 지원을 요청하면, 국제 통화 기금의 규제를 받아들이는 조건으로 도움을 받을 수 있습니다. 우리나라도 지난 1997년 국제 통화 기금에 도움을 요청했던 적이 있지요.

WTO의 공개 포럼이 진행되는 모습
ⓒ World Trade Organization

둘 국제 부흥 개발 은행(IBRD)

국제 부흥 개발 은행은 제2차 세계 대전 이후에 황폐해진 국가들을 지원하기 위해 설립됐어요. 이후에는 여러 나라의 경제가 부흥하고, 개발이 촉진되도록 돕는 역할을 맡고 있지요. 국제 통화 기금이 단기적으로 자금을 빌려주는 것과 달리, 국제 부흥 개발 은행은 장기적인 지원을 하고 있어요. 지금은 주로 공업이 막 발전하는 단계인 개발 도상국의 경제가 튼튼하게 성장할 수 있도록 돕고 있습니다.

셋   세계 무역 기구(WTO)

세계 무역 기구는 회원국 정부들이 다른 회원국과
무역 거래를 할 때 생기는 문제를 해결하기 위해 찾는
대화의 장이에요. A라는 나라가 수입품에 세금을 너무
높게 매긴다고 가정해 볼까요? 그럼 이 나라의 국민은
비싼 수입품을 선뜻 사려 하지 않을 거예요. 그럼
A와 다른 나라 간의 교역이 위축되겠지요. 세계 무역
기구는 이런 일이 발생하지 않도록 차별 없는 교역을
주장하고 있어요. 나라 간의 무역에서 공정한 경쟁이
이루어지도록 돕는 것이지요. 또한 무역 분쟁을 조정하고,
무역 협상을 주최하는 등의 행정 업무도 맡고 있습니다.

각 나라의 대표가 WTO 공개 포럼에서 글로벌 시대의 무역 변화에 대해 논의하고 있어요. © World Trade Organization

넷   경제 협력 개발 기구(OECD)

경제 협력 개발 기구란 선진 공업국을 중심으로 한 국제 협력
기구예요. 경제 협력 개발 기구의 회원국들은 각국의 경제를
지속적으로 성장시키고, 생활 수준을 높이기 위한 방향을
함께 모색해요. 또한 개발 도상국이 건전한 방향으로 경제를
성장시킬 수 있도록 돕고 있습니다.

OECD 회원국은 각국의 경제를 지속적으로 성장시키기 위해 함께 고민해요. © philip_sheldrake

who? 지식사전

케인스와 국제 경제 기구

1944년 미국 뉴햄프셔주의 브레턴우즈에서 영국, 프랑스, 미국을 비롯한 44개의 연합국이
모였어요. 이들은 제2차 세계 대전으로 피폐해진 경제 질서를 어떻게 하면 회복할 수 있을지
함께 고민했지요. 당시 경제학자 케인스는 이 회의에 영국 대표로 참가했어요. 이때 케인스는
각국의 경제와 산업이 잘 돌아가도록 서로 시장을 열어 주어야 한다고 주장했어요. 그러기
위해서는 매번 수출보다 수입이 많아 적자를 내는 나라를 도와주어야 한다고 보았지요.
케인스의 의견은 일부분 받아들여져서, 이후 '국제 통화 기금(IMF)'과 '국제 부흥 개발
은행(IBRD)'이 만들어졌어요. 나중에 케인스는 이 두 기구의 총재를 맡기도 했답니다.

케인스(오른쪽)와 당시 미국 재무부 관리의 모습

4 사도회의 회원이 되다

1902년, 케인스는 케임브리지 대학교에 입학했습니다.

드디어 대학에서 공부하게 되는구나.

와, 재미난 동아리가 많다! 여러 가지를 경험해 봐야겠어.

동아리에 가입하려고 왔습니다.

거기 있는 신청서를 작성하면 돼.

수학이 전공이네. 여긴 문학 동아리야.

알고 있어요.

알고도 왔다고?

네. 저는 수학 말고도 철학과 고전 등 다양한 학문을 공부해 보고 싶거든요.

그렇다면 문제될 게 없겠는걸!

그러게 말이야. 우리 동아리에 가입한 걸 환영한다. 케인스!

케인스는 문학 동아리뿐만 아니라 토론회 등 여러 단체에서 활동했습니다.

존 메이너드 케인스 군, 감명 깊게 읽은 책이 있으면 소개해 주세요.

대학에 입학하고 6개월이 지났을 무렵,
낯선 학생들이 케인스를 찾아왔습니다.

케인스 군!

잠시 할 얘기가 있네.

누구신데요?

여기서는 우리 신분을
밝힐 수 없어!

네?

소란 피우지
말고,
조용히
우리를
따라오게나.

아, 알았어요.
그럴게요.

들어 본 적 있는지
모르겠지만 우린 사도회
회원들이야.

사, 사도회!

비밀로 운영되는 수재들의 모임?
어떻게 하면 사회를 변화시킬 수
있을지 고민한다던 그 모임 말인가?

사도회는 회원도 까다롭게
선발하고, 1학년은 절대
받아 주지 않는다던데……

너무 긴장하진 마.
해치려는 게 아니니까.

사도회에서 저에게
무슨 일이시죠?

우린 지난 6개월 동안
널 관찰해 왔어. 조용히
심사를 한 셈이지.

그 결과 우리는
너를 사도회의 회원으로
맞기로 결정했어.

저, 저를요?

그래. 너만 괜찮다면 우리 모임에 나와서, 철학자 무어 교수님을 만나 보지 않겠어? 평소 무어 교수님의 책을 즐겨 읽었잖아.

《윤리학 원리》를 쓰신 무어 교수님 말인가요?

물론이야.

우리 사도회를 맡아서 이끌고 계셔.

와! 그럼 당장 사도회에 가입할게요!

잘 생각했어. 난 리튼 스트레이치야.

난 레너드 울프야!

그리고 이 모임에 대해선 누구한테도 말해선 안 돼!

그럴게요.

사도회 회원이 된 걸 환영해, 케인스!

철학을 토론하는 모임인 사도회에서 신입생이 회원이 된 것은 전례가 없는 일이었습니다.

가입을 축하하네. 케인스! 난 무어일세.

만나 뵙고 싶었습니다. 존 메이너드 케인스라고 합니다.

존 메이너드 케인스. 자네는 80년 전통을 자랑하는 우리 사도회의 243번째 회원이 되었네.

아, 영광입니다! 자랑스러운 사도회 회원으로서 열심히 토론에 참여하겠습니다.

우린 도덕을 중요시하기보다, 인간의 이성을 믿네.

인간의 이성!

자네는 자네 의견을 솔직하게 말하면 되네.

네! 알겠습니다.

자, 그럼 오늘 토론을 시작해 보자. 오늘은 좋고 나쁨, 즉 선악에 대해 이야기해 볼까?

벤담이라는 학자는 우리에게 쾌락을 주면 선이고, 그렇지 않으면 악이라고 했지.

하지만 과연 그렇게 나누는 게 이성적인 판단일까?

여러분의 생각은 어떤지 지금부터 이야기해 보게.

우아, 믿기지 않아! 내가 무어 교수님과 함께 토론하다니!

사도회에 들어오길 잘한 것 같아. 교수님 말씀은 빠짐없이 귀 기울여 들어야겠어. 앞으로가 정말 기대된다.

이후 케인스는 인간의 이성을 중요하게 생각하는 무어의 철학에 큰 영향을 받게 되었습니다.

케인스,
오늘 모임 어땠어?

아주 좋았어요!
기대 이상이었어요.

케인스는 사도회 모임에서 자유롭게 토론하며
많은 것을 배워 갔습니다.

앞으로도 사도회
모임에서 열심히
배워야겠어요.

네가 마음에 들어
할 줄 알았어.
하하하!

아 참, 우리가 따로 만든 모임이
있는데 거기도 와 볼래?

따로 만든 모임이요?
그럼 또 비밀 모임인가요?

아니, 그런 건 아니야.
그냥 한밤에 열리는
토론회라고
생각하면 돼.

'한밤중의 모임'이라는 건데 주로 예술에 관해 토론해.

너도 관심 있어 할 것 같아서 말이야.

리튼 형과 울프 형이 이끄는 모임이라면 좋아요. 참석할게요.

케인스가 참석하기 시작한 이 예술 모임은 나중에 '블룸즈버리 그룹'으로 발전합니다. 화가, 지식인, 철학자들이 함께한 이 모임은 그가 대학을 졸업한 뒤에도 계속 이어집니다.

으응? 이건 뭐야? 웬 원고가……

내일 다른 모임에서 연설을 해야 해서요. 그 원고예요.

연설?

네. 그 모임에서는 주로 정치 문제에 관해 토론하고 있어요.

정치에도 관심이 있었어?

정치 토론도 마치 게임처럼
흥미진진해요.
형들도 가입해 보세요.

아냐! 우린 됐어.

시간되면 내일 연설을 들으러
갈게. 기대되는걸.

꼭 오세요!

……지금까지 교회 설립에 대한
저의 의견을 말씀드렸습니다.

이와 관련된 자료를 학교에
전달했고, 대학 회의에서도
다시 건의할 예정입니다.

대단한 친구야.
말도 잘하고
리더십도 있어.

저 친구라면 우리 모임을
이끌기에 부족함이 없군.

케인스! 자네,
우리 모임의 회장을
맡아 보지 않겠나?

존 메이너드 케인스,
회장이 되어 주세요!

네?

압도적인 지지로 자네가
회장으로 선출되었네.
축하해, 케인스!

대학 3학년 때, 케인스는 정치와 경제 등
현실 문제에 대해 토론하는 한 모임의
회장으로 선출되었습니다.

내가 토론 모임을 이끄는
회장이 되다니! 부모님께서
이 사실을 알면 기뻐하실 거야.
얼른 말씀드려야지.

이제 본격적으로 수학자의 길을 걸을 거예요.

수학자라니, 멋지다!

케인스는 수학에 관한 한 누구보다도 자신이 있었습니다.

어려운 시험이긴 하지만 지금부터 열심히 준비할 생각이에요.

형은 수학 박사니까 잘할 거예요.

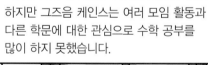

하지만 그즈음 케인스는 여러 모임 활동과 다른 학문에 대한 관심으로 수학 공부를 많이 하지 못했습니다.

그래서 그는 단시간에 학업을 따라잡기 위해 쉬지 않고 공부해 나갔습니다.

아아, 힘들다. 그래도 여기서 지쳐 쓰러질 순 없어!

이제부턴 정말 졸업 시험 공부만 해야겠어.

1년 뒤, 케인스는 수학 우등 졸업 시험을 치렀습니다. 그런데…….

내, 내가 떨어지다니, 이럴 수가!

시험 결과는 충격적이었습니다. 시험 성적이 낮아 특별 연구원이 될 수 없었기 때문입니다.

아빠, 엄마. 죄송해요! 이제 수학자가 될 수 없어요.

아아……. 부모님을 실망시켜 드렸어. 이제 어떻게 해야 하지?

메이너드! 왜 여기 이러고 있니?

무슨 일 있는 거니?

저……. 특별 연구원 시험에서 떨어졌어요.

괜찮아, 메이너드. 너무 실망 말아라.

전 스스로 수학을 잘한다고 생각해 왔어요. 주변 사람들도 그렇게 말해 줬고요. 그런데 결과가…….

오, 메이너드. 계획한 모든 일이 뜻대로 다 이루어지진 않아.

수학자가 아니라 다른 길을 걸으라는 하늘의 계시인지도 모르잖니.

메이너드니? 얼른 들어오지 않고.

어서 들어가자. 마침 마셜 교수님이 와 계셔.

앨프레드 마셜은 케임브리지 대학의 교수이자 영국의 내로라하는 경제학자였습니다.

마셜 교수님, 안녕하세요?

오, 메이너드. 꼬마일 때 보곤 오랜만이구만.

아버지…… 죄송해요. 정말 면목이 없어요.

기운 내거라! 기회는 또 있을 거야.

자네, 수학 대신 공부해 보고 싶은 분야는 없나?

고민 중이에요. 공무원 시험을 봐서 일할까도 생각해 봤어요.

메이너드, 뭐 하니?
좀처럼 방에서
나오질 않는구나.

아빠…….

괜찮아.
고민이 있으면 내게
다 털어놓아 보렴.

전 지금까지 제가
뛰어난 수재라고
생각했어요.
이튼 스쿨에도 가고,
명문 대학에도 왔고요.

당연히
수학에 재능이 있다고
믿었고, 수학자가
될 것이라고 생각했어요.

하지만 지금은
아니에요.
정말 수학자가
되고 싶었는지도
모르겠어요. 전 갈 길을
모르는, 쓸모없는
사람이 되었어요.

메이너드…….
그렇지 않아.

너 어릴 때 말이다. 난 네가 잠든 모습을 바라보며 이 약한 아이가 제발 무사히 어른으로 자라나게 해 달라고 기도했어.

그리고 내 앞에는 지금 이렇게 건강하게 잘 자란 메이너드가 있다. 그런데 네가 쓸모없는 사람이라니.

하지만 전 혼란스러워요. 무엇부터 해야 할지 모르겠어요.

너 자신을 믿고, 하고 싶은 것부터 해 봐. 공무원이 되어 보고 싶다고 했지? 그럼 그것부터 도전해 봐.

지금은 흔들리고 방황하더라도 좋아. 그러다가 정말 너에게 꼭 맞는 게 무엇인지 알게 될 거야.

아빠……

그래. 지금은 진정 내가 원하는 게 무엇인지 찾아가는 시기인 거야.

케인스는 그동안의 걱정을 떨치고, 사회 경험을 쌓기 위해 공무원 준비를 시작하기로 결심했습니다.

세상을 놀라게 한 경제학자

하나 애덤 스미스

영국의 경제학자 애덤 스미스(1723~1790년)는 현재 우리가
따르는 경제 체제인 자본주의의 개념을 정립한 사람이에요.
애덤 스미스는 그의 저서 《국부론》을 통해, 인간의 이기심에
대해 설명했어요. 그에 따르면 인간의 이기심은 경제 활동의
원동력이 됩니다. 예를 들어 볼게요. 생산자는 물건을 팔아
돈을 벌기 위해 질 좋은 물건을 만듭니다. 그럼 소비자는
덕분에 좋은 품질의 물건을 살 수 있게 되지요. 생산자는
자신의 이기심에 따라 좋은 물건을 만들려고 노력했을
뿐인데, 이것이 사회 전체에 도움이 된 거예요. 이렇듯
애덤 스미스는 각자가 이익을 추구하려고 노력하다 보면,
결과적으로 그 행동이 사회에 기여하게 된다고 주장합니다.
또한 애덤 스미스는 분업을 해야 한다고 생각했어요. 핀
하나를 만들 때에도 쇠를 다듬고, 자르고, 가공하는 일을
혼자서 다 하려면 시간이 오래 걸립니다. 하지만 이 일을
각자 나누어서 진행하면 속도가 빨라져요. 어떤 사람은
쇠를 다듬는 일에만, 어떤 사람은 자르는 일에만 집중하는
겁니다. 그럼 하루에도 수백 개의 핀을 거뜬히 만들 수
있지요. 애덤 스미스는 하나의 일을 나누어서 진행하면
더욱더 속도가 빨라지고, 생산성이 높아진다고 보았어요.
애덤 스미스는 1776년에 이러한 이론을 담은 《국부론》이라는
책을 발간했어요. 이 책은 시장 경제의 원리를 연구한 최초의
책이 되었습니다. 인간의 이기심이 경제 발전과 나라 전체에
도움이 된다는 생각은 그전까지 어떤 경제학자들도 하지
못했지요. 뒷날 그는 '경제학의 아버지'라고 불리는 영광을
안게 되었습니다.

스코틀랜드에 있는 애덤 스미스의 동상
© Bernt Roastad

포드 자동차 회사의 헨리 포드는 애덤 스미스가
말한 분업의 원리를 잘 응용해, 자동차의 생산성
을 높였어요. © randychiu

둘 토머스 맬서스

영국의 경제학자 토머스 맬서스(1766~1834년)는 그의
저서 《인구론》으로 유명해요. 《인구론》을 내고 몇 년 뒤
그는 경제학 교수가 되었어요.

《인구론》에서 맬서스는 인간은 가급적이면 자손을 많이
낳으려는 경향이 있기 때문에, 먼 훗날에는 인구가
폭발적으로 증가할 것이라고 주장했지요. 그는 이대로
두면 나중에는 식량이 부족해져 사람들이 모두 굶어 죽을
것이라고 보았어요. 맬서스는 역사 속에서 모든
인구의 증가는 결국 빈곤으로 이어졌다고 책을
통해 주장했지요.

물론 몇 세기가 지난 지금, 맬서스의 이론은 사실이
아닌 것으로 판명되었습니다. 그의 주장처럼
인구가 증가해 모든 사람이 식량을 얻지 못하게
되지는 않았지요. 하지만 인구의 증가를 과학적으로
연구하고, 경제학적인 입장에서 다루려고 했다는
데에 의의가 있답니다.

오늘날 대부분의 공장에서는 애덤 스미스의 이론대로
분업을 실시해 일의 효율을 높이고 있어요. © nicwn

미국은 대표적인 자본주의 국가예요. © JvL

who? 지식사전

마음이 따뜻했던 애덤 스미스

애덤 스미스는 그의 경제학 이론에서 정부의 역할을 최대한 줄여야 한다고 생각했어요. 정부는
자유로운 경제 활동에 간섭하지 말아야 하고, 정부가 국민을 도와준다고 나서는 것도 방해가
된다고 보았지요. 그의 이론에 따르면 정부는 가난한 사람을 아무런 대가 없이 도울 필요가
없어요.

하지만 이런 차가운 이론과는 달리, 애덤 스미스의 원래 성격은 겸손하고 매우 따뜻했다고
합니다. 애덤 스미스가 대학교 교수로 있을 때, 사정상 강의를 중간에 그만둬야 했던 적이
있었어요. 이때 스미스는 수업료를 일일이 봉투에 담아, 학생들에게 다시 돌려줬지요. 학생들은
지금까지 훌륭한 교수님의 강의를 들은 것만으로도 행복하다고 한사코 사양했어요. 하지만 애덤
스미스는 끝까지 학생들 손에 수업료를 쥐어 준 뒤에야 강의를 마쳤다고 합니다.

애덤 스미스의 초상화
© surfstyle

셋 ▸ 카를 마르크스

카를 마르크스(1818~1883년)는 자본주의의 문제점을 지적한 독일의 철학자입니다. 마르크스는 애덤 스미스의 경제 이론과 정반대의 입장에 서 있었어요. 애덤 스미스는 시장의 힘을 믿었고, '보이지 않는 손'이 경제를 잘 이끌어 줄 것이라 여겼습니다. 애덤 스미스의 이론에 따르면 국가는 시장 경제에 전혀 개입할 필요가 없지요. 하지만 마르크스가 보기에 자본주의 사회는 문제점이 많았습니다. 그에 따르면 공장, 기계, 노동력을 소유한 자본가는 부를 쌓을 수 있지만, 노동자들은 그렇지 못했습니다. 결국 자본주의 사회에서 자본가는 부유한 삶을 누리는 반면, 노동자는 계속해서 가난한 삶을 살 수밖에 없지요.

마르크스는 이런 불평등한 사회를 바꾸기 위해 노동자가 단결해야 한다고 주장했어요. 전 세계의 노동자들이 단합하여 모든 사람이 평등하게 사는 사회주의 사회를 이룩해야 한다고 주장했습니다. 사회주의 사회는 자본주의 사회와 달리, 정부가 경제를 완전히 통제하는 계획 경제 체제를 따릅니다. 뒷날 소련(소비에트 연방)이나 중국 같이, 그의 이론을 따르는 사회주의 국가가 나타났지요.

독일 베를린에 있는 철학자 카를 마르크스의 동상
© Metro Centric

who? 지식사전

미국의 경제학자 어빙 피셔

경제학자들은 돈을 잘 벌었을까?

보통 경제학자는 경제에 대해 많이 아니까, 돈을 많이 벌 것이라고 생각합니다. 하지만 경제학자 중에서도 돈을 많이 번 사람이 있고, 반대로 손해를 본 사람도 있어요. 애덤 스미스의 이론을 연구한 영국의 경제학자 리카도(1772~1823년)는 재산을 불리는 데 관심이 많았습니다. 그러나 같은 시대에 리카도와 쌍벽을 이루었던 경제학자 맬서스(1766~1834년)는 오히려 투자를 잘못해서 손해를 보았어요. 친구 리카도의 조언을 좀처럼 듣지 않았던 것이 문제였습니다. '미국 경제학의 아버지'라고 불리는 어빙 피셔(1867~1947년)는 경제 대공황이 일어나기 며칠 전에 사람들을 불러 모았어요. 그러고는 '이제 곧 경제 호황이 올 것이니, 모두들 투자하라'고 충고했다가 뒷날 원성을 샀지요.

넷   무함마드 유누스

무함마드 유누스(1940년~)는 방글라데시의 경제학자입니다. 유누스는 경제학을 공부하여 방글라데시 치타공 대학교의 교수가 돼요.

그런데 이즈음 유누스는 방글라데시 학생들을 가르치며 고민이 많아졌어요. '국민 대부분이 가난에 시달리는 현실 속에서 경제학을 가르치는 것이 무슨 의미가 있을까?' 하는 생각이 든 것이지요. 유누스는 방글라데시의 빈민들에게 실질적으로 도움이 될 수 있는 길을 걷기로 다짐했어요. 1983년에 유누스는 '그라민 은행'을 설립했지요. 그라민 은행은 담보나 보증 없이 가난한 시민들에게 돈을 빌려주었어요. 그라민 은행 덕분에 고리대금업자의 횡포에 시달리던 많은 사람이 도움을 받을 수 있었어요. 무함마드 유누스는 빈곤 퇴치의 공을 인정받아, 그가 총재로 있는 그라민 은행과 함께 2006년 노벨 평화상의 공동 수상자로 선정되었습니다.

방글라데시의 여성들과 아이들의 모습

방글라데시의 경제학자 무함마드 유누스 ⓒ University of Salford

사회적 기업

사회적 기업이란 노인, 장애인과 같은 취약 계층에게 일자리와 사회적인 서비스 등을 제공해 주는 기업을 말해요. 사회적 기업은 이익 추구를 최우선으로 하는 민간 기업과는 다른 점이 있어요. 하지만 자선 단체와도 다릅니다. 자선 단체는 주로 기부에 의존하지만, 사회적 기업은 공익을 우선시하면서도 스스로 물건을 생산하고 판매해 돈을 벌어요. 그 돈으로 다시 일자리를 만들고, 여러 사회적 서비스를 제공해 주지요. 무함마드 유누스의 그라민 은행도 사회적 기업에 속해요. 사회적 기업은 자본주의 사회에서 소외되는 계층을 돌보며 함께 성장하는 좋은 사례가 되고 있습니다.

무함마드 유누스가 세운 그라민 은행도 사회적 기업입니다. 방글라데시 다카에 있는 그라민 은행

5 경제학자의 길을 걷다

케인스는 열심히 공무원 시험을 준비했습니다. 케인스가 보는 공무원 시험 과목 중에는 경제학도 있었습니다.

경제학 책은 정말 흥미로운걸. 경제학자는 무슨 일을 할까?

아차, 지금은 경제학보단 공무원이 되는 것에 집중해야 해.

아휴, 다른 과목도 공부해야 하는데 자꾸 눈길이 가네!

그래! 어차피 공무원 시험에 붙으려면 경제학을 공부해야 하니까, 마셜 교수님께 부탁해 보자.

케인스는 마셜 교수님을 찾아갔습니다.

경제학을
배워 보고 싶다고?
자네라면 환영이야.

난 어릴 적 자네가
동생에게 이자에 대해
설명하던 모습을 잊을
수가 없어.

부끄럽습니다.
15년 전 일을…….

그걸 어떻게 잊겠나?
다섯 살 아이의 천재성을.
자네는 어릴 때부터 탁월한
경제 관념을 갖고 있었어.
난 그걸 한눈에 알아봤지.

난 말야. 자네가 공무원보다
경제를 연구하는
학자가 되었으면 하네.

내가 가르쳐
줄 테니
한번 해 보지
않을 텐가?

말씀은 고맙지만
예정대로 공무원
시험을 보겠습니다.

거참, 아쉽군.

나중에라도 생각이 바뀌면 꼭 연락 주게. 케인스 자네라면 언제든 환영이야.

경제학이라면 다음 주부터 시작하는 강의를 들으러 오면 되네.

고맙습니다, 교수님!

이렇게 해서 케인스는 마셜 교수에게 경제학을 배우게 되었습니다.

왜 발전을 거듭한 오늘날에도 가난한 이들이 생겨나는 것일까?

내가 알고 싶었던 문제야. 역시 강의를 들으러 오길 잘했어.

이런 상황에서 국가가 할 일은 없네. '시장'이라는 보이지 않는 손이 경제 상황을 알아서 통제할 거야.

8주 동안 배운 이 수업이 케인스가 케임브리지에서 공부한 경제학의 전부였습니다.

이듬해인 1906년 8월, 케인스는 공무원 시험을 치렀습니다.

시험 결과 그는 2등으로 합격해, 런던에 있는 인도청의 관리로 관료 생활을 시작했습니다.

1등이 아니라 아쉽지만, 그래도 합격했으니 열심히 해 봐야지.

케인스가 선택한 인도청은 당시 영국의 식민지였던 인도에 관한 업무를 담당하는 곳이었습니다.

황소 열 마리를 인도로 좀 보내 주게.

황소를 보내라고요?

이런 일도 하는 줄은 몰랐군.

휴, 이럴 줄 알았으면 공무원이 되는 걸 다시 생각해 볼걸.

이 서류 분류해 놔.

내 것도 부탁해.

인도청의 일은 활동적인 케인스의 성향에 맞지 않았습니다.

인도 경제 상황이 점점 나빠지고 있군.

어디 보자, 화폐 제도에 문제가 있는 것 같은데.

비록 인도청 일은 지루했지만, 그래도 케인스는 공무원 일을 하며 여러 나라의 경제 상황에 대해 다룬 자료들을 살펴볼 수 있었습니다.

인도 경제 상황에 대해서 좀 더 알아보자.

이참에 영국 경제에 대해서도 자세히 공부해 봐야겠어!

서류 정리는 다 끝났나?

인도에 보낸 황소는 무사히 도착했지?

아아, 인도청의 일은 너무 지루해! 재미가 없어.

케인스,
이제 퇴근하니?

케임브리지 대학의 사도회 회원들은 대학을 졸업한 뒤에도
종종 모임을 가졌습니다.

리튼
스트레이치
선배!

인도청 일은
어때?
괜찮아?

전혀
괜찮지 않아요.

인도청 일이 적성에
안 맞는 것 같아서 그만둘까
고민 중이거든요.

뭐?

아아, 그런 고민이
있었구나.

응?

경제학 특별 연구원을 구한다고? 여기에 지원할래요.

그게 될까? 넌 경제학 전공도 아니잖아. 합격하기 힘들 텐데.

아니에요, 그래도 부딪혀 봐야죠.

케인스는 케임브리지 대학에 그동안 정리한 논문을 제출했습니다.

ACCEPT

하지만 심사에서 그만 탈락하고 말았습니다.

다른 분이 뽑혔네요. 죄송합니다.

아…….

낙담하고 있던 케인스에게 편지 한 장이 도착했습니다.

MAIL

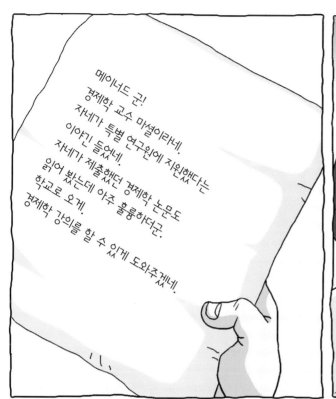

메이너드 군!
경제학 교수 마셜이라네.
자네가 특별 연구원에 지원했다는
이야긴 들었네.
자네가 제출했던 경제학 논문도
읽어 봤는데 아주 훌륭하더군.
학교로 오게.
경제학 강의를 할 수 있게 도와주겠네.

보수는 내 월급에서 떼 주는 거
라 많이는 못 주네.
지금 자네가 받는 임금의
절반도 안 될 테니
잘 생각해서 결정하게.

강의라니!

해 보겠어. 내겐 절호의 기회야.
강의하며 경제를 제대로
공부할 수 있다면
돈은 그다지
중요하지 않아.

케인스는 2년 동안 근무하던 인도청을 그만두고, 케임브리지
대학에서 경제학 강의를 맡게 되었습니다.

어서 오게.
케인스!

자네 논문을 봤는데 화폐와
신용, 가격에 관한 견해가
탁월하더군. 그 분야의
강의를 맡아 주게.

이로써 케인스는 경제학 학위도 없이, 본격적으로
경제학자의 길을 걷게 되었습니다.

케인스는 때때로 마셜 교수와 경제학에 관해
대화를 나누었습니다.

인도 경제를 이만큼
꿰뚫고 있다니,
정말 대단하네.

더 노력한다면 영국 경제에
대해서도 전문가가 될 수 있을 거야.

얼마 뒤 케인스는 길을 가던 중 제자 해로드와
함께 빈민가를 지나가게 되었습니다.

학교에 돌아온 케인스는 고민을 거듭하다가,
마셜 교수님을 찾아갔습니다.

생각해 보게. 저기 농부는 땀 흘려 곡식을 가꾸고, 사람들은 공장에서 열심히 기계를 돌리지. 왜 그럴까?

열심히 일해서 만든 물건을 시장에 내다 팔기 위해서겠죠. 물건을 시장에 팔면 돈을 벌 수 있으니까요.

바로 그거야. 저들은 누가 시키지 않아도 일해. 그렇게 노력해서 만든 물건을 시장에 팔아 돈을 벌지.

그렇게 번 돈은 그들을 부자로 만들지.

모두 다 부자가 되면 국가도 부유해지지 않겠는가! 국가가 간섭하지 않아도 경제는 잘 돌아가게 되어 있네.

하지만……!

케인스는 마셜 교수님의 말을 듣고
한참을 고민했습니다.

마셜 교수님은 최고의
경제학 교수님이에요.
교수님 말이 맞겠죠.
교수님께서 틀린 말씀을
하실 리 없으니까요.

과연 그럴까?
나는 그렇게
생각하지 않네.

해로드, 마셜 교수님의
말을 어떻게 생각하나?

기린을 떠올려 보게.
기린들을 자유롭게 놓아두면,
목이 긴 기린은 늘 싱싱한
나뭇잎을 따 먹을 수 있지.

하지만 그렇지 못한
경우도 있다네. 목이
짧은 기린을 떠올려 보게나.

케인스는 경제학자로서 자신이
연구해야 할 문제를 찾았고,
곧 그 연구에 집중했습니다.

그리고 1914년, 바로 그해에 제1차 세계 대전이 일어납니다.

큰일 났어요.
독일이 오스트리아와
손을 잡고 전쟁을
일으켰어요!

뭐?

아니, 왜?

오스트리아 – 헝가리
왕위 계승자 부부가
세르비아 청년에게 암살당한
일 때문이라고 합니다.

그 일로 오스트리아가
세르비아에게
선전 포고를 했고,

독일과 러시아, 프랑스, 영국이
참여하면서 전쟁이 커졌어요!
비상사태예요!

저런!

영국에 전쟁의 기운이 드리우고 있어!
앞으로의 상황은 어찌 될까.
경제도 혼란에 빠지고 말 거야.

그즈음 정부가 케인스에게 다급하게
도움을 요청해 왔습니다.

여기 바질 블래킷이라는
사람이 편지를 보내 왔네.

케인스 교수님의 도움이 필요합니다.
지금 저희가 겪고 있는 문제를
새로운 시각에서 볼
경제학자가 필요합니다.
부디 저희를 도와주십시오.

케인스, 갑자기 어디 가나?

정부에서 급히 와 달라는군. 서둘러야겠어.

케인스는 런던에 도착하자마자 곧바로 블래킷에게 달려갔습니다.

어서 오세요. 케인스 교수님!

무슨 일인가요?

야단났습니다. 예전에 외국인들에게 돈을 빌려 줬는데, 전쟁 때문에 그 돈을 돌려받기 어렵게 됐어요.

그때 외국에 투자했던 은행들이 망할 위기에 처했어요.

저런!

망할 위기에 처한 은행들이 돈을 찾으러 온 고객들한테 금화를 내주지 않고 있어요.

당장 은행이 망하게 생겼는데, 어떻게 고객에게 돈을 주냐는 거죠.

아니, 어떻게 그런 일이…… 큰일이군요.

고객들이 불같이 화를 낼 텐데 어쩌죠?

오, 절대 안 됩니다. 무슨 일이 있어도 고객과의 약속을 지켜야 돼요.

이 일로 고객의 신뢰를 잃으면, 앞으로 상황이 더 나빠질 겁니다.

상황이 더 나빠진다고요? 그럼 어쩌죠?

*영국 중앙은행이 계약을 보장해 주세요.

*영국 중앙은행은 한국은행과 같이 화폐를 찍어 내고, 나라의 금융 정책을 시행한다.

케인스의 조언 덕분에 영국 정부는 위기를 넘길 수 있었습니다.

정말 금화를 준다고요?

그럼요, 나라에서 은행 빚을 갚아 줬답니다. 정말 다행이에요.

휴, 한숨 돌렸네. 영국을 믿어도 되겠어.

케인스, 당신 덕분에 위기를 넘겼어요!

허허, 다행입니다.

앞으로도 영국 정부를 좀 도와주세요. 우리는 뛰어난 경제학자가 필요해요.

네?

케인스의 상황 판단 능력이 빛을 발한 것입니다. 케인스는 재무부의 발령을 받아, 전쟁 중 영국 경제를 책임지게 되었습니다.

잘 부탁합니다.

국가를 위해 열심히 노력해 보겠소.

케인스의 노력에도 불구하고, 전쟁이 길어지면서 영국의 경제 상황은 급격히 나빠졌습니다.

큰일 났어요. 군사비가 바닥을 드러내고 있어요!

이대로라면 한 달을 버티기 힘듭니다!

한 달! 생각보다 상황이 훨씬 심각하군요.

케인스와 블래킷은 군사비가 부족하다는 사실을 독일이 알면, 영국을 얕보고 쳐들어올지도 모른다며 우려했습니다.

어쩔 수 없이 금을 팔아야 할까요?

그건 안 됩니다. 우리가 금을 판다는 사실을 독일이 알면, 우리 경제 사정이 나쁘다는 걸 눈치채고 말 거예요.

그럼 어쩌자는 거요? 이대로 영국군과 연합군이 모두 굶어 죽어도 좋단 말이오?

기다려 봐요. 미국이 이번 전쟁에 뛰어들 수도 있어요. 그럼 우릴 도울 거예요.

정말 괜찮을지 걱정이군.

블래킷에게 전해 들었어요. 군사비가 부족한데도 그냥 기다리라고 했다면서요?

그렇습니다. 지금 전쟁의 흐름으로 보아 미국이 참전할 가능성이…….

영국 재무성 장관실

그만! 지금 당신은 하나만 알고 둘은 모른다는 생각이 드는구려. 당신의 눈엔 전쟁으로 신음하는 병사들의 모습이 보이지 않는단 말이오?

이대로 가다간 곧 병사들이 굶게 생겼단 말이오!

나도 병사들을 생각하면 정말 고통스러워. 하지만 지금 상황에서 금을 파는 것은 옳은 선택이 아니야.

장관님. 우리가 금을 팔면, 독일이 우리의 경제 사정을 알아차리고 전쟁을 계속하려고 할 거예요.

그럼 전쟁이 더 길어질 수도 있습니다.

지금 당장 영국 경제가 무너질 수도 있소!

교수님 말대로 됐어요!
정말 다행입니다.
이제 당분간은 군사비
걱정을 안 해도 되겠어요!

그래요?
잘되었군요.

1918년 11월, 독일이 정전 협정에 동의했고 마침내 전쟁이 막을 내리게 되었습니다.

전쟁이 끝났다!

와 아 아 아

다행히 지긋지긋한 전쟁이
끝났지만, 무너진 경제는
어떻게 해야 할까?

케인스의 숨겨진 이야기

'경제학자 케인스' 하면 어떤 이미지가 떠오르나요? 서재에 앉아서 경제학 책을 넘기는 지적인 모습이 떠오른다고요? 시대를 앞서는 경제 이론으로 나라를 구해 낸 케인스는 왠지 늘 냉철할 것만 같습니다. 그런데 케인스도 우리와 다를 바 없는 인간적인 사람이었습니다. 지금부터 경제학자 케인스의 숨겨진 이야기를 통해, 그의 또 다른 면모를 살펴볼까요?

존 메이너드 케인스 ⓒ 연합포토

하나 케인스, 꼴찌에서 1등이 되다!

'케인스 혁명'을 일으킬 정도로 영향력 있었던 경제학자 케인스. 명석해 보이는 그가 예전에 '꼴찌'를 한 적도 있다는 사실, 알고 있나요? 케인스가 여덟 살이 되었을 때, 그는 케임브리지의 성 페이스 예비 학교에 다니기 시작했어요. 처음에 선생님들은 케인스가 천재라는 생각조차 하지 못했어요. 케인스는 수업 시간에 제대로 집중하지 못하고 부주의해 보였거든요. 게다가 결석을 밥 먹듯이 했으니, 케인스는 좀처럼 착실한 학생처럼 보이지 않았지요. 케인스의 성적은 하위권을 맴돌았습니다.

사실 케인스가 학교에 막 입학했을 때, 그는 몸이 매우 허약한 상태였어요. 게다가 공부에 대한 압박감을 느껴 말을 더듬기까지 했지요. 이 때문에 학교생활 초기에는 좀처럼 학업에 집중하지 못했어요.

하지만 케인스의 성적은 점점 향상되었어요. 선생님들도 점차 케인스가 수학에 소질이 있고, 어휘력 또한 풍부하다는 사실을 깨닫게 되었습니다. 얼마 뒤 놀라운 일이 벌어졌습니다. 케인스가 입학하고 나서 첫 시험에서 1등을 한 것이에요. 꼴찌에서 1등으로 성적이 껑충 뛴 것입니다.

케임브리지 대학 킹스 칼리지 도서관
ⓒ Yudis Asnar

케인스, 족보 조사를 하다

케인스가 이튼 스쿨에서 공부하던 때의 일입니다. 한동안
케인스는 도서관에서 나올 생각도 않고, 열심히 뭔가에
열중했어요. 붙박이 가구처럼 앉은 자리에서 꼼짝도
않았지요. 공부를 했냐고요? 그게 아니라, 사실 케인스는
이때 가문의 족보를 연구하고 있었답니다. 케인스
가문에는 어떤 훌륭한 사람이 있는지 도서관에 앉아 오랜
시간 연구했지요.

이튼 스쿨의 도서관 ⓒ Martin Pettitt

마침내 케인스는 자신의 선조가 11세기에 큰 농장을 거느린
지주 계급이었다는 사실을 밝혀냅니다. 이 조상은 전투에
참가한 공로로 백작으로부터 매우 넓은 영토를 받았습니다.
이는 케인스의 아버지조차 모르고 있던 사실이었지요.
케인스는 자신이 고귀한 가문에 속한다는 사실을 알고 나서
자부심을 갖게 되었어요. 가문을 빛내기 위해 더 열심히
공부한 것은 물론이지요. 마침내 케인스는 어른이 되어
케인스 가문을 한층 더 빛내는 멋진 경제학자가 되었어요.

who? 지식사전

꼴찌에서 일등이 된 또 다른 위인, 윈스턴 처칠

케인스처럼 처음에는 성적이 부진했지만, 열심히 노력해 성과를 이룬 위인이 있습니다.
바로 제2차 세계 대전을 승리로 이끈 영국의 수상 윈스턴 처칠(1874~1965년)이지요.
처칠은 어린 시절, 지독히 학교 공부를 못한 데다가 혀가 짧아 웅얼거리며 말하는 버릇이
있었어요. 그러던 어느 날, 처칠의 부모님은 처칠이 책 읽기만큼은 좋아한다는 사실을 알게
되었습니다. 그때부터 부모님은 처칠과 함께 하루 다섯 시간씩 좋은 책을 골라 읽었어요.
그러자 점점 처칠의 학교생활이 달라지기 시작했습니다. 꼴찌였던 처칠이 자신의 생각을
논리적으로 표현하기 시작했지요.

캐나다에 있는 윈스턴 처칠의 동상
ⓒ shutterstock

처칠의 독서 습관은 평생 동안 이어졌어요. '절대, 절대, 포기하지 마라!' 처칠이 남긴 유명한
말이에요. 처칠, 케인스와 같은 위인이 학창 시절에 '꼴찌'였다고 공부를 쉽게 포기해
버렸다면, 이후에 커다란 성공도 없었을지 모릅니다.

셋 케인스는 잠꾸러기였다!

케인스는 어린 시절에 잠꾸러기 소년이었다고 해요. 아침 늦게까지 침대에서 내려오지 않고 잠에 푹 빠져 있는 일이 잦았지요. 또 잠에서 깨도 곧바로 움직이지 않고 침대 위에서 미국 시인 롱펠로의 시집을 즐겨 읽고는 했어요. 아버지는 이런 케인스의 습관을 마음에 들어 하지 않았어요. 하지만 어린 케인스는 잔병치레가 많은 편이어서, 처음에는 부모님도 케인스가 늦잠 자는 것을 그냥 내버려두고는 했어요. 그러나 시간이 지나도 케인스의 늦잠 자는 습관은 변하지 않았지요. 이 때문에 아버지는 종종 케인스를 꾸짖었고, 가끔 아버지와 아들 사이에 작은 갈등이 일어나기도 했어요.

어린 케인스는 침대 위에서 롱펠로의 시를 읽는 습관이 있었어요. 사진은 미국에 있는 롱펠로 국립 사적지 전경이에요. ⓒ Paul Lowry

넷 케인스는 편지 쓰기의 달인!

"이튼 스쿨의 친구들과 쉽게 친해지기는 어려울 것 같아요."
"학교에 온수가 나오지 않아요. 뭔가 시스템에 문제가 있는 것 같은데, 아무도 문제 제기를 하지 않아요."
케인스는 이와 같이 아버지와 편지를 주고받는 세심한 성격의 소년이었습니다. 케인스의 아버지는 케인스가 이튼 스쿨에 입학하자마자 "공부가 진행되는 상황을 매주 나에게 알려 주기를 바란다."라고 편지를 써 보냈어요. 케인스는 일주일에 한 번 이상 아버지와 편지를 주고받으며, 학교생활 전반에 대한 이야기를 나누었지요.
케인스의 아버지는 공부하는 방법, 시험 기술, 글쓰기 스타일, 마음가짐 등등 여러 방면에서 케인스에게 끊임없이 조언해 주었어요. 케인스는 어려움이 생길 때마다 아버지에게 털어놓으며 위안을 얻었지요. 편지 쓰기를 통해 케인스는 사춘기 시절을 슬기롭게 보낼 수 있었고, 한층 더 성숙해질 수 있었습니다.

영국의 재정을 맡아 보는 재무성. 케임브리지 대학에서 열심히 공부한 케인스는 뒷날 이곳에서 일하며 영국의 경제를 책임져요. ⓒ Kadellar

비밀 모임에 가입한 케인스!

케인스가 다닌 케임브리지 킹스 칼리지 © dumbledad

케인스는 케임브리지 대학에서 공부할 때, 비밀 모임에
가입했던 적이 있어요. 비밀 모임이라고 해서 나쁜
일을 일삼는 곳은 아니고, 토론하고 함께 공부하는
모임이었지요. 케인스는 1학년 때 일명 '케임브리지
사도회'라고 불리는 모임에 가입하게 되었습니다.
사도회는 진리 추구를 목적으로, 학문을 토론하고 연구하는
모임이었어요. 이 모임은 아주 신중하게 회원을 선발했지요.
게다가 1학년은 회원으로 받아 주지도 않았어요. 아무나
들어올 수 없는 엘리트들의 모임에 1학년 케인스가 당당히
들어온 거예요.
사도회 회원들은 매주 토요일 저녁, 비밀스럽게 만났어요.
차를 마시고 간단히 식사한 뒤, 논문을 읽고 열띤 토론을
했지요. 케인스도 이곳에서 학문에 대한 자신의 생각을
마음껏 펼쳤습니다. 사도회 회원 중에는 케인스 말고도
유명한 사람들이 많아요. 소설가 에드워드 모건 포스터,
철학자 버트런드 러셀도 사도회 출신이지요.

버트런드 러셀의 동상. 철학자 버트런드 러셀도 케임브리지 킹스 칼리지의 사도회 출신이에요. © Kevan

who? 지식사전

앨프리드 마셜

케인스의 인생에 많은 영향을 미친 사람을 꼽으라면 앨프리드 마셜(1842~1924년)을
빼놓을 수 없습니다. 마셜은 케인스의 재능을 알아보고, 그를 경제학의 길로 안내해
주었지요. 마셜은 어린 시절, 케인스보다 더 혹독하게 공부했습니다. 마셜의 아버지는
그에게 엄청난 양의 공부를 강요했지요. 그런 마셜에게 유일한 취미는 장기를 두고 수학
문제를 푸는 것이었지만, 이마저도 아버지는 허락하지 않았습니다. 마셜은 점점 아버지에
대한 반발심이 싹트기 시작했습니다. 아버지는 마셜이 목사가 되길 바랐지만, 그는
아버지의 제안을 뿌리칩니다. 이후 마셜은 케임브리지 대학에 진학해 수학, 물리학 등을
연구하다가 독일로 건너가 경제학을 본격적으로 공부하기 시작했지요. 경제학 전문가가 된
앨프리드 마셜은 영국 경제학의 지도자로서 국가의 정책 결정에 크게 기여했습니다. 또한
케인스와 같은 후배 경제학자를 길러 내기도 했습니다.

앨프리드 마셜

6 시대의 변화

불룸즈버리 그룹

전쟁이 끝나고, 이렇게 무사히 다시 만나게 됐구먼.

이제 독일은 어떻게 되는 거야?

연합국에게 피해를 끼쳤으니 배상을 해야죠.

곧 파리에서 회의가 열릴 거예요. 저도 회의에 참석하게 되었어요.

네가?

자네 역할이 중요하군.

최선을 다해야죠.

전쟁이 끝난 이듬해인 1919년 초, 파리에서 회의가 열렸습니다. 전쟁에 승리한 연합국에게 독일이 얼마나 배상하면 좋을지 논의하는 자리였습니다.

케인스도 이 회의에 참석했습니다.

전쟁 배상금으로 330억 달러를 내놓으라고 합시다.

330억 달러?

안 됩니다. 그럼 독일은 망하고 말 거예요. 30억 달러만 물게 하십시오.

겨우 30억? 난 독일이 망하든 말든 상관없어.

독일을 가난뱅이로 만들어서 다시는 전쟁을 못 하게 해야지!

그럼 독일 경제는 엄청난 혼란에 빠지게
될 겁니다. 독일 국민은 배상금을 무느라
가난에 빠져 허우적댈 것이고, 그럼 막다른 길에
몰린 독일이 견디지 못하고
또 전쟁을 일으킬 수도 있어요.

독일 국민들이 이렇게는
도저히 못 살겠다며
들고일어나는 거죠.

뭐라고요?
듣기 싫소!

구더기 무서워
장 못 담급니까? 이번엔
내 결정에 따르세요.

네?
하지만······.

케인스, 자네는 가만히 있게.

나도 독일이 330억 달러를
무는 게 좋을 듯싶소.

역시 말이
통하는군요.

좋아요.
330억 달러로 확정!

얼른 서명합시다.

아아, 330억
달러라니.
이 일이 나중에
얼마나 큰 화를
불러올 것인가.
이건 말도 안 돼.

케인스의 의견은 끝내 받아들여지지 않았습니다. 실망한 케인스는
조약이 체결된 뒤, 정부를 떠나기로 결심했습니다.

내가 더 이상
이곳에 있을
이유가 없어요.

케, 케인스!
진짜 가려고요?

다시 케임브리지 대학으로 돌아온
케인스는 독일의 배상 문제가
잘못됐음을 알리는 책을 쓰기
시작했습니다.

사람들이 현실을
제대로 깨달아야 해.

얼마 뒤 이 책은 수많은 사람들에게 읽히며 베스트셀러가 되었습니다.

승전국이 독일에게 많은 돈을 물리면 안 된대!

나중에 큰일 날 수도 있대.

대학 때부터 함께해 온 예술 모임인 불룸즈버리 그룹에서도 케인스를 축하해 주었습니다.

케인스, 축하해. 자네 책이 베스트셀러야.

정부의 높은 사람들이 이 책을 보고 생각을 바꿨으면 좋겠어요.

자자, 다들 축하하는 의미로 건배하자고.

그나저나 러시아의 유명한 발레단이 순회 공연을 왔다는데, 보러 가지 않겠나?

디아길레프 공연단이요?

맞네.

아아, 거기 무용가 중에 정말 마음에 드는 여인이 있습니다.

그래? 얼른 가 보자고!

케인스가 마음에 둔 여인은 발레리나 리디아 로포코바였습니다.

그대의 무용에 감동받았습니다. 섬세한 춤과 연기가 탁월해요.

고마워요.

전 존 메이너드 케인스입니다. 당신의 이름을 알고 싶어요.

반가워요. 저는 리디아 로포코바예요. 예쁜 꽃을 선물해 줘서 정말 고마워요.

당신과 정식으로 만나고 싶어요. 허락해 주신다면 제가 쓴 이 책을 받아 주세요.

으음, 잘 읽어 볼게요.

고맙습니다.

1925년, 4년의 연애 끝에 두 사람은 결혼했습니다. 결혼식은 독특하게도 교회가 아닌 중앙 등기소에서 치러졌습니다.

케인스! 불룸즈버리 그룹 친구들을 만나 보고 싶어요.

그래요. 모두들 당신을 반겨 줄 거예요.

케인스의 결혼 생활은 행복했습니다.

하지만 불룸즈버리 그룹 회원들은 리디아 로포코바를 달가워하지 않았습니다.

여러분께 제 아내를 소개하겠습니다.

리디아 로포코바입니다. 잘 부탁드려요.

흥! 무용수 주제에 여기가 어디라고!

게다가 우리가 싫어하는 러시아인이군.

이 일로 케인스는 오랜 시간 함께한
불룸즈버리 그룹 회원들과 점점 멀어졌습니다.

그 무렵 세계 경제 상황은 점점 나빠졌습니다.
돈이 없어서 물건을 사려는 사람이 줄어 공장이 멈췄고,

공장이 멈추니 공장에서 쫓겨난 실업자가 늘어났습니다.

실업자들이 계속
늘어나고 있어.

며칠을 굶었는지 모릅니다.
먹을 것 좀 주세요.

일을 하고 싶어도
일자리가 없어요!

이건 저들이
스스로 해결할 수
있는 문제가
아니야.
이런 위기를
극복하려면
정부가
움직여야 돼!

케인스는 경제적 위기의 상황에서
그의 고민을 담은 책을 펴냈습니다.

물가를
안정시키기 위해
중앙은행이 돈을
더 찍어 내라니,
말도 안 돼!

아무도 자신의 말을 들어 주지 않는 상황에서, 케인스는 자유당을 지지하는 연설을 했습니다.
자유당이 정권을 잡으면, 그들이 케인스의 생각에 귀를 기울여 줄 것이라고 생각했기 때문입니다.

여러분! 자유당만이 경제를
다시 회복시킬 수 있습니다.

하지만 처음에 앞서 나가는가 싶던 자유당이 주춤하더니, 결국 반대편 보수당이 정권을 잡았습니다.

호외요, 호외!
보수당이 선거에서
이겼어요!

아아……!
이렇게 내 희망이
무너지는구나!

보수당은 재무 장관인 처칠을 중심으로 꾸려졌습니다.

뭐, 정부의 역할이
어째야 한다고?
어림없다!

처음에 처칠은 케인스의 정책에 귀를
기울이지 않았습니다.

하지만 그는 포기하지 않고 다시 자신의 경제 이론을 담은 책을 펴냈습니다.

난 여전히 내 이론을 믿어. 올바른 것은 내 이론과 신의 섭리뿐이야.

인간의 판단으로 경제 상황을 조정할 수 있어야 해.

그 판단에 따라 화폐의 양을 조정해야 해.

사람의 이성으로 경제를 통제하자고?

오호, 흥미롭군!

고국인 영국에서 케인스의 이론은 인정받지 못했지만, 미국에서는 그를 눈여겨보았습니다.

애덤 스미스와 존 메이너드 케인스

케인스는 경제 위기가 닥쳤을 때, 정부가 가만히 있어서는 안 된다고 생각했습니다. 국가가 나서서 일자리를 만들고, 여러 사업을 벌여야 한다고 주장했지요. 또한 사회 보장 제도를 만들어 놓아야 한다고 이야기했습니다. 케인스의 주장에 당시 경제학자들은 깜짝 놀랐습니다. 그렇다면 그전까지 경제학자들의 생각은 어떠했을까요? 먼저 18세기로 거슬러 올라가 애덤 스미스의 이야기부터 들어 봐요.

1820년대 쓰이던 증기 기관의 모습 ⓒ Mirko Junge

18세기 중반 영국에서 일어난 산업 혁명은 공업의 발달을 이끌었습니다. ⓒ shutterstock

하나   산업 혁명이 일어나다

18세기 초반까지만 해도 유럽은 신분제 사회였어요. 귀족과 평민이 엄격히 나뉘어 있었지요. 귀족은 자손 대대로 고귀한 사람들이었고, 평민은 별 볼일 없는 집안에서 태어난 이들이었어요. 농사짓고 장사를 해서 돈을 버는 건 모두 평민이 하는 일이었어요.

그러다 18세기 중반, 영국 사회에 '산업 혁명'이라는 큰 변화가 일어납니다. 기계의 힘으로 물건을 움직이는 증기 기관이 발명됐지요. 증기 기관의 발명으로, 물건을 많이 만들어 낼 수 있게 되었어요. 이에 따라 공장 주인도 돈을 많이 벌게 되었어요. 공장 주인은 대부분 평민이었는데, 이 평민들이 부자가 된 것이지요. 이제 평민도 돈만 있으면 좋은 옷을 입고, 맛있는 음식을 먹을 수 있게 되었습니다.

하지만 여전히 귀족은 평민을 무시했어요. "천한 신분에 돈만 많이 벌었다고 다인가? 이 탐욕스러운 사람들! 이기적인 사람들!" 이런 시선으로 평민 출신 사업가를 바라보았지요. 돈을 많이 벌어서 삶은 윤택해졌지만, 여전히 평민 자본가는 멸시당했습니다. 이때 애덤 스미스라는 경제학자가 등장합니다.

둘 이기적이어도 좋다!

경제학자 애덤 스미스는 세상 사람들의 행동이 이기적이어도 좋다고 외쳤습니다. 애덤 스미스는 인간이 자신을 위해 일하고, 돈을 버는 게 당연하다고 말했지요. 그의 말에 많은 평민 자본가는 환호했습니다.

그럼 왜 애덤 스미스는 사람들이 이기적으로 행동해도 된다고 했을까요? 그건 사람들이 자기 자신을 위해 하는 경제 활동이 결과적으로는 모두에게 득이 된다고 보았기 때문입니다. 빵집 주인을 예로 들어 설명해 볼게요. 빵집 주인은 돈을 벌기 위해 새벽같이 일어나 빵을 굽습니다. 빵이 다 구워지면, 빵이 필요한 사람들이 주인을 찾아옵니다. 주인은 자기 자신을 위해 일했을 뿐인데, 빵이 필요한 사람들이 빵을 얻을 수 있게 된 것이지요. 애덤 스미스는 이렇게 사람들이 모두 자신을 위해 열심히 일하면, 사회는 아무 문제없이 돌아갈 것이라고 생각했습니다.

우리나라 도심인 여의도의 모습. 우리나라도 애덤 스미스가 주장한 자본주의 체제를 따르고 있어요. ⓒ golbenge

모든 물건에는 가격이 있어요. 애덤 스미스는 '가격'이 시장 경제를 알아서 잘 돌아가게 해 줄 것이라 여겼어요.
ⓒ Walmart Corporate

셋 보이지 않는 손

애덤 스미스는 '보이지 않는 손'이 시장 경제를 알아서 잘 돌아가게 해 줄 것이라고 여겼지요. 여기서 '보이지 않는 손'이란 시장 경제에서의 '가격'을 말해요. 만약 빵집 주인이 빵의 가격을 5천 원으로 매겼는데, 잘 팔리지 않는다면 어떨까요? 아마 주인은 빵의 가격을 조금 내려서 팔 것입니다. 물건을 사고파는 과정에서 자연스럽게 적당한 물건 가격이 결정되는 것입니다. 애덤 스미스는 '보이지 않는 손'을 무엇보다도 믿었어요. 그의 이론에 따르면 정부가 시장에 개입할 필요가 전혀 없었습니다.

주식 거래소의 모습. 자본주의 사회에서는 주식을 사고팔며 이익을 얻는 일이 자연스럽습니다. ⓒ dpstyleTM

대공황 당시, 일자리를 찾기 위해 늘어선 사람들의 모습입니다.

넷 시장 실패

애덤 스미스의 이론은 150여 년이나 세상을 지배했습니다. 그런데 제1차 세계 대전이 끝나고 나서, 조금씩 문제가 생겨났어요. 전쟁이 끝나자 무기 공장이 문을 닫았고, 실업자가 늘어났습니다. 물건을 팔지 못하니 공장은 문을 닫았습니다. 공장 창고에는 물건이 한가득 쌓였지요. 하지만 이것을 살 사람이 아무도 없었어요. 물건이 아무리 싸도 사람들은 그것을 살 돈이 없었으니까요.

이런 상황이 반복되다가 1929년, 마침내 미국에 경제 대공황이 닥쳤습니다. 미국의 경제 공황은 프랑스, 영국 등 다른 나라에도 영향을 미쳤어요. 전 세계의 경제가 위기에 맞닥뜨린 것입니다.

다섯 케인스의 수정 자본주의

대공황으로 미국과 유럽의 경제는 큰 위기에 처했어요.

세계 경제 공황 속에서 경제학자 케인스가 대책을 들고 나왔어요. 케인스는 어떻게든 국민의 소득을 높여야 한다고 보았어요. 국민에게 돈이 생기면 사람들이 뭔가를 살 수 있게 되고, 공장이 돌아가게 됩니다. 돈을 번 공장은 직원을 고용할 것이고, 그럼 실업자도 줄게 돼요.

그럼 어떻게 국민의 소득을 높여야 할까요? 이때 케인스는 '정부가 나서야 한다'고 말해 세상을 놀라게 했습니다. 케인스는 자본주의의 모순에 정부가 손을 대는 '수정 자본주의'를 주장했어요. 케인스는 정부가 사업을 벌여서 국민에게 일자리를 주어야 한다고 생각했어요. 당시 많은 사람들은 케인스를 이해하지 못했습니다. 정부가 괜히 개입했다가 일을 그르치는 것이 아닌지 걱정하기도 했고, 경제가 어려운데 정부가 돈을 펑펑 쓴다니 말이 안 된다고 생각하기도 했어요.

여섯 미국의 뉴딜 정책

뉴딜 정책의 일환으로 만들어진 테네시강 유역의 윌슨댐

영국은 선뜻 케인스의 이론을 받아들이지 못하고
주저했어요. 이때 미국의 제32대 대통령 프랭클린
루스벨트가 먼저 케인스에게 귀를 기울이기
시작했어요. 루스벨트는 테네시강에 큰 댐을
만들라고 지시했어요. 댐 자체가 꼭 필요하다기보다,
무엇이라도 해서 국민에게 일자리를 주려고 한 사업이었어요.
이외에도 루스벨트는 각종 사회 복지 정책을 폈어요. 일할
수 없는 노인, 장애인을 돕는 제도를 마련하고, 실업자에게
보험금을 지급했지요. 루스벨트 대통령은 단순히 불쌍한
사람을 돕기 위해 이런 제도를 행한 것이 아니었어요.
국민의 전체적인 소득을 높여서 경제를 다시 되살리기 위한
정책이었지요. 대공황을 극복하기 위해 시행되었던 이때의
정책을 '뉴딜 정책'이라고 합니다.
루스벨트 대통령의 뉴딜 정책은 어느 정도 성공을
거두었고, 사람들은 점차 케인스의 이론에 집중하기
시작했습니다. 케인스의 새로운 이론은 '케인스 혁명'으로
불리기 시작했습니다.

뉴딜 정책을 실시한 프랭클린 루스벨트의 동상.
미국 프랭클린 루스벨트 생가 국립 사적지에 있어요.
© Dougtone

who? 지식사전

경제 대공황

경제 대공황이 일어났던 1930년대에 이상한 일이 벌어졌습니다. 미국 캘리포니아에서
대공황으로 인해 오렌지 가격이 급격히 떨어지자, 농장 주인들은 가치가 없어진 오렌지를
땅에 묻어 버렸다고 해요. 그때 오랜 시간 굶어 배가 고팠던 사람들이 땅에 버려진 오렌지를
훔치려다가 경비원의 총에 맞아 죽었어요. 살아남은 사람들은 감옥에 가게 되었고요.
이렇듯 미국의 경제 대공황은 부유한 미국의 경제를 단숨에 무너뜨렸습니다. 공장 창고에
먹을 것과 물건이 쌓여 있는데도 굶어 죽는 사람이 생긴 거예요. 이러한 상황을 해결하는 데
케인스의 이론이 큰 도움을 주었습니다.

1930년대 경제 대공황 시절
미국 캘리포니아에 사는 가족
의 모습

7 새로운 경제학의 탄생

케인스가 우려했던 경제 문제는 1929년, 미국에서 먼저 터지고 말았습니다.

공장은 가동을 멈췄고, 거리는 온통 실업자들로 넘쳐 났습니다.

공장도 문을 닫고, 사방엔 온통 실업자들뿐이군.

누가 경제를 망쳐 놓은 거야? 이 죽일 놈들!

KEEP OUT

미국 경제의 위기는 영국에도 영향을 미쳤습니다.

미국의 경제가
휘청거리다니,
믿을 수 없어!

지금 미국의 사태가
우리 영국 경제에
미치는 영향은 어떨까요?

내버려 두면 좋아질
겁니다.

너무 그렇게 호들갑
떨지 마세요. 어험!

한편 케인스도 이 소식을 듣고 깊이 우려했습니다.

미국의 경제 위기는
왜 일어난 건가요?

미국 경제에 거품이
많았기 때문이야.

경제가 좋아지고 기업들이 떼돈을 벌자,
사람들은 주식을 긁어모았어.
주식이 오를 줄 알았으니까.

그러자 주식값이 급격하게 떨어졌고, 돈을 빌려 주식을 산 사람들은 엄청난 빚을 지게 됐지.

이게 끝이 아니야. 빌려준 돈을 받지 못한 은행들은 모두 문을 닫게 될 거야!

케인스의 말대로 3년 동안 5천 곳이 넘는 은행이 문을 닫았습니다. 그러다 마침내 1929년에 세계 대공황이 발생하게 되었습니다.

미국에서 시작된 경제 대공황은 다른 나라에도 번져 나갔습니다. 미국에 의존하던 영국의 경제도 급속하게 나빠지기 시작했습니다.

이것 봐요. 주가가 또 떨어졌어요!

드디어 경제 재앙이 시작되었군. 대책을 세워야겠어.

케인스는 영국 정부에 대공황에 대응할
조직을 만들라고 건의했습니다.

영국이 지금
이러고 있을 때가
아닙니다.

별일 있겠습니까?
기다리면 나아지겠죠.
너무 걱정할 것까지야……

케인스가 옳다!
정부가 문제를 해결하라!

여론이 빗발치자 정부는 경제 위기에
대응할 조직을 만들었습니다.

끄응~

자자, 모두들
대책들을 내놓아 보세요.

시장의 힘을 믿어 보자고요.
스스로 경제 상황을 정리해
나가도록 내버려 둡시다.

맞아요.
그것이 최선입니다.

장기적으로 보면 우린 모두 죽습니다. 그렇지 않습니까?

하지만 우리가 섣불리 건드렸다가 더 큰 문제가 생기면 어떡하죠?

맞아요! 불안합니다.

아닙니다. 경제 활동이 활발히 일어나도록, 정부가 정책을 주도해 나가면 됩니다.

쩝. 그게 과연 성공할 수 있겠소? 괜히 더 큰 문제만 만드는 거 아닌지 모르겠어요.

결과는 모릅니다. 처음엔 혼란이 있겠지만 결국은 우리가 가야 할 길입니다. 이렇게 두려워해서는 아무 일도 할 수 없습니다.

흠, 그렇다면…….

케인스는 자신의 주장을 굽히지 않고 《화폐론》 등의 책을 펴냈습니다.

경제가 어려울 때 정부가 나서야 합니다. 인간의 이성으로 경제 상황을 통제할 수 있습니다.

이제 경제학자들도 서서히 케인스의 주장에 귀를 기울이기 시작했습니다.

교수님! 이 책 어때요?

훌륭해! 왜 지금까지 그의 말에 귀 기울이지 않았을까.

케인스는 우리 경제 상황과 앞으로 나아가야 할 방향을 꿰뚫어 보고 있어!

모두들 어떻게 해야 경제 위기를 헤쳐 나갈 수 있을지 의견을 내 봐요.

케인스 씨의 주장을 모두 받아들이면 어떻겠소?

말도 안 돼요.

그때 일부 관료는 케인스의 말에 반대하고 나섰습니다.

케인스의 이론이 절대 성공할 리 없어요.

뭐라고?

그러지 말고 노동자들 월급을 더 내립시다. 그래야 공장도 숨통이 트이죠.

실업자들에게 주는 수당도 깎으세요. 어려울 때 허리띠를 졸라매야죠.

그레고리 씨, 그건 절대로 올바른 해결 방법이 아닙니다!

뭐?

경제를 살리려면 정부가 돈을 더 써야 합니다. 새로운 사업을 벌여야 해요.

말도 안 돼!

영국이 케인스의 주장을 받아들이기를 주저할 때,
미국에서 케인스의 이론을 먼저 받아들였습니다.

정부가 돈을 풀어 사업을
벌여야 경제가 살아난다고?

케인스의 책 좀 보세요.
이게 가능성이 있는 말일까요?

네? 글쎄요.
좀 이상한데요.

아니, 내가 보기엔 상당히
믿을 만하오. 우리가 먼저
실행해 봅시다.

위험할지도
모릅니다. 각하!

걱정하지 마세요.
두려움 자체를 제외하면
우린 아무것도 두려워할 것이 없어요.

루스벨트 대통령은 나랏돈을 풀어 큰 사업을 일으켰습니다. 노동자들과 가난한 사람들을 위한 법도 만들었는데, 이것이 바로 '뉴딜 정책'입니다.

뉴딜 정책은 어느 정도 효과를 거두었고, 케인스를 멀리하던 경제학자들도 점차 생각을 바꾸기 시작했습니다.

미국의 성공을 보셨지요? 자, 우리도 케인스의 말대로 해 보자고요. 이의 없죠?

더 하실 말 있나요, 그레고리 씨?

없습니다.

사람들은 이를 두고 '새로운 경제학의 탄생' 혹은 '케인스 혁명'이라고 불렀습니다. 바야흐로 케인스의 시대가 열리게 된 것입니다.

이 모든 이론은 1936년에 발간된 케인스의 책 《고용, 이자 및 화폐의 일반 이론》에 담겨 있습니다.

고용, 이자 및 화폐의 일반 이론

이 책으로 인해 케인스의 경제학이 전 세계에 우뚝 서게 되었습니다.

당신의 책이 엄청난 영향을 미치는 베스트셀러가 되었어요.

축하합니다. 케인스 씨!

모두 케인스 씨를 위해 축배를 듭시다.

쿨럭쿨럭!

으으윽!

케인스 선생이 쓰러지셨다! 어서 구급차를 불러!

1937년, 케인스는 심장 이상 증세를 보이며 쓰러졌습니다. 이후 몇 달 동안 그는 병석에 누워 있어야 했습니다.

어떻습니까?

뚜렷한 치료 방법은 없습니다. 크게 무리하지 말고 건강 관리를 잘하세요.

하지만 이후에도 케인스의 건강은 완전히 좋아지지는 않았습니다.

심장이 박테리아에 감염됐다는군.

에구구, 경제를 살리려고 그렇게 애를 쓰더니 자신의 몸이 망가지는 건 모르고!

독일이 걱정입니다. 독일의 경제 상황은 어떤가요?

케인스 씨 예상대로 상황이 점점 더 악화되고 있습니다.

대공황이 일어나 세계의 경제가 어려움에 빠지자 독일의 경제 사정도 더욱 나빠졌습니다.

특히 독일 국민들은 엄청난 전쟁 배상금을 물지 말자는 히틀러의 주장을 반겼습니다.

우리는 더 이상 배상금을 지불할 수 없습니다. 전쟁을 일으켜 독일을 구해야 합니다!

와-아-아-아-아

제2차 세계 대전이 일어났어요.

아! 결국 이렇게 되고 마는구나.

아아, 한 치 앞도 내다보지 못한 우리가 어리석었어.

제2차 세계 대전은 미국과 영국, 프랑스 연합국의 승리로 끝났습니다.

사람들은 이번에도 전쟁의 후유증으로 경제 사정이 나빠질까 봐 불안해했습니다.

또 경제가 무너지는 거 아냐?

이거 원, 불안해서 살 수가 없다니까.

간신히 몸을 추스른 케인스는 대학교나 국회, 정부 등에서 힘을 다해 연설했습니다.

여러분! 정부가 나서서 일자리를 늘려야 합니다!

또한 정부가 부자들에게 세금을 거두고, 가난한 사람들을 도와야 해요!

이렇게 해서 서민의 삶이 안정되면 경제는 반드시 튼튼하게 살아날 것입니다.

모두들 너도나도 케인스의 주장에 따랐습니다. 각 나라의 정부는 큰 사업을 일으켜 일자리를 만들었을 뿐만 아니라, 가난한 사람들을 돕는 사회 보장 제도를 만들었습니다.

그 덕분에 세계는 제1차 세계 대전 때 같은 위기는 겪지 않았습니다.
뿐만 아니라 20년간 불황이 닥치지 않았습니다.

가난한 사람이 줄어들어야
대공황이 일어나지 않습니다.

이런 케인스의 공로를 인정해 영국 왕실에서는 그에게 작위를 수여했습니다.

케인스라는
훌륭한 경제학자 덕분에
인류는 평화와 번영을
누리고 있소. 위대한 업적을
이룬 케인스 공에게 귀족의
칭호를 하사하노라.

이 번영이
계속되면 좋으련만!

콜록콜록!

추운데 바깥에 있지 말고 그만
들어가요.

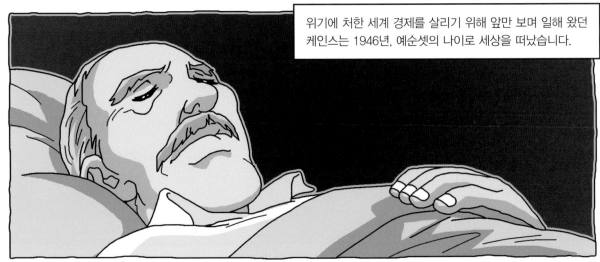

위기에 처한 세계 경제를 살리기 위해 앞만 보며 일해 왔던 케인스는 1946년, 예순셋의 나이로 세상을 떠났습니다.

당시의 경제학자들은 국가는 경제에 간섭하지 않아야 하며, 세금은 무조건 아껴 써야 한다는 주장을 백 년 넘게 믿어 오고 있었습니다. 이 낡은 이론을 깨뜨린 사람이 바로 케인스였습니다.

케인스는 정부가 경제에 적극적으로 나서야 하고, 돈을 풀어 경제를 살려야 하며, 사회 보장 제도를 확대해 서민들에게 안정된 삶을 보장해야 한다고 주장했습니다.

오늘날 의료 보험이나 연금 보험 같은 여러 가지 사회 보장 제도를 갖추게 된 것은 모두 케인스 덕분입니다. 케인스는 살기 좋은 세상을 꿈꾸는 많은 학자와 정치가, 사상가들에게 위대한 스승으로 오래도록 기억될 것입니다.

who?와 함께라면 미래가 보인다

어린이
진로 탐색

경제학자

어린이 친구들 안녕?
존 메이너드 케인스 이야기 재미있게 읽었나요?

그렇다면 이제부터
존 메이너드 케인스가 꿈을 키워 가는 과정을 함께 되짚어 보며
그가 활동한 분야와 그 분야에 속한 다양한 직업에 대해
살펴봐요!

또한 여러분에게는 어떤 장점과 적성, 가능성이
숨어 있는지 찾아보면서
그것을 어떻게 진로와 연결시킬 수 있는지에 대해서도
알아봅시다!

그럼 지금부터
여러분이 멋진 꿈을 향해 나아갈 수 있도록 도와줄
진로 탐색을 시작해 볼까요?

자기 이해부터
진로 체험까지,
다양한 진로 탐색
활동을 시작해 봐요!

내가 좋아하는 과목은?

케인스는 책을 읽고 공부하는 것을 좋아했어요. 수학을 가장 좋아했지만, 그 외에도 문학, 예술, 철학, 정치 등 다양한 분야에 관심을 가졌기 때문에 폭넓은 지식을 바탕으로 뛰어난 경제학자가 될 수 있었어요. 이처럼 학교에서 배우는 다양한 과목은 나의 꿈에 크든 작든 도움을 주어요. 내가 좋아하는 과목이나 좋아하지 않는 과목을 생각해 보고, 나의 꿈에 어떤 도움을 줄 수 있는지 생각해 보세요.

과목 이름	좋아하거나 좋아하지 않는 이유	나의 꿈에 줄 수 있는 도움
수학	수학 문제를 푸는 게 재미있고 답이 맞으면 뿌듯해서 좋아요.	경제학자는 다양한 수치를 분석하기 때문에 수학이 중요해요.

다른 나라의 화폐는?

케인스는 세계 경제의 흐름을 꿰뚫어 보는 탁월한 능력이 있었어요. 정부의 경제
정책에 조언을 주기도 했고, 경제에 있어서 정부의 역할에 대한 새로운 제안을
하기도 했지요.

세계 경제를 잘 이해하려면 화폐의 가치나 흐름뿐만 아니라, 세계에서 많이 쓰이는
화폐가 무엇인지, 그것이 얼마의 가치가 있는지 알아야 해요. 전 세계적으로 많이
쓰이는 화폐는 무엇인지 찾아보고 정리해 보세요.

화폐 이름 (코드, 기호)	어디에서 발행하나요?	어느 나라에서 주로 쓰나요?	대응하는 한국 원화의 가치
미국 달러 (USD, $)	미국 연방 준비 제도	미국에서 쓰이지만 전 세계에서 두루 쓰이는 국제 통화 이기도 해요.	1달러는 ( )원
유로 (EUR, €)			1유로는 ( )원
위안 (CNY, ¥)			1위안은 ( )원
엔 (JPY, ¥)			100엔은 ( )원

경제학자가 하는 일

경제란 살아가기 위해 필요한 것들을 만들고 사용하는 모든 활동을 말합니다.
경제학자는 사람들이 어떤 생각을 가지고 경제 활동을 하는지 연구하고, 경제적으로
모두가 잘살 수 있도록 하기 위해 어떻게 해야 하는지를 고민하지요.
다음은 많은 경제학자 사이에서 논란이 되었던 '기본 소득 제도'에 대한 내용이에요.
밑줄 친 경제 용어가 무엇을 뜻하는지 알아보고, 내가 경제학자라면 기본 소득
제도에 대해 어떤 의견을 내놓을지에 대해서도 생각해 보세요.

2016년 스위스에서는 전
국민에게 일정 금액을 매
달 나누어 주자는 '기본
소득 제도'에 대해 국민
투표를 실시했어요. 반대
표가 많아 받아들여지지
않았지만, 전 세계에 기본
소득 제도에 대한 논쟁에
불을 붙였답니다.

스위스 기본 소득 제도 도입 논의를 위해 만들어진 커다란 포스터
ⓒ Enno Schmidt

기본 소득 제도는 재산, 소득, 직업 등에 상관없이 모든 국민에게 매달 최저
생계비를 주는 제도예요. 찬성하는 사람들은 빈부 격차가 심해 경제 양극화
로 인한 여러 사회 문제를 줄일 수 있고, 소득의 재분배를 통해 국민의 평등
한 삶을 보장할 수 있을 것이라고 주장하지요.
반대로 세금에 대한 국민의 부담이 더 커질 것이며, 모두에게 나누어 주는
것보다 꼭 필요한 사람들에게 지원을 하는 것이 기회비용을 따졌을 때 더욱
효율적이라고 주장하는 사람들도 있어요.

✱ 밑줄 친 경제 용어의 뜻을 찾아 써 보세요.

- 최저 생계비 : 생활을 유지하기 위해 필요한 최소한의 비용

- 경제 양극화 : 잘사는 사람은 더욱 부를 늘리고, 가난한 사람은 좋은 교육을 받지
  못하고 가난이 대물림되면서 빈부의 격차가 점점 더 커지는 현상

- 소득 : 경제 활동의 대가로 얻는 돈

- 세금 : --

- 기회비용 : --

✱ 만일 여러분이 경제학자라면 기본 소득 제도에 대해서 어떤 의견을 말할지 여러분의
  생각과 그렇게 생각한 이유를 함께 적어 보세요.

정답 : 세금 – 국가나 지방 공공 단체가 살림을 꾸려나가기 위해서 국민들로부터 걷는 돈
기회비용 – 무엇인가를 선택할 때 다른 것을 포기함으로써 발생하는 비용 또는
이때 포기한 것의 가치

나의 경제 활동은?

'경제 활동'이라 하면 거창하게 들릴 수도 있겠지만, 우리는 이미 많은 경제 활동을 하고 있어요. 학교에 가기 위해 버스를 타거나, 친구들과 맛있는 것을 사 먹거나, TV를 보는 것 모두 경제 활동이라고 할 수 있습니다. 돈을 쓰는 것뿐만 아니라, 시간을 투자하는 것도 경제 활동 중 하나라고 할 수 있어요.

경제학자가 되기 위해서는 자원을 어디에, 어떻게 사용하는 것이 좋을지 잘 판단하는 능력이 필요해요. 한 달 동안 여러분이 사용할 수 있는 금액과 사용할 금액으로 용돈 사용을 계획해 보고, 실제로는 어떻게 사용했는지 비교해 보세요.

* **이번 달 나의 경제 계획**

이번 달에 들어온 돈 : ( )원	지난 달에서 넘어온 돈 : ( )원
이번 달에 쓸 돈 : ( )원	지난 달에 남긴 돈 : ( )원

* **이번 달 나의 경제 활동 내역**

날짜	내용	받은 돈	쓴 돈	남은 돈
1주				
2주				
3주				
4주				
5주				
합계				

증권 시장을 알 수 있는 증권 박물관

'증권'에 대해 들어 본 적이 있나요? 흔히 우리가 이야기하는 증권은 기업이나 나라에서 발행하는 주식이나 채권을 이야기하는 경우가 많습니다. 주식은 기업이 물건이나 서비스를 만들기 위해 투자를 받아 필요한 돈을 마련하기 위해 발행하는 것이에요. 채권은 돈을 빌려준 것을 증명하는 문서이지요. 케인스가 과도한 주식 매매로 인한 경제 거품을 세계 경제 위기의 원인으로 지적했을 정도로, 주식은 오늘날 경제에 큰 영향을 미친답니다.

이러한 주식이나 채권, 증권에 대해 쉽게 알아볼 수 있는 곳이 있습니다. 경기도 고양시에 위치한 증권 박물관으로, 2004년에 세워져 한국 예탁 결제원이 운영하는 곳이에요. 어린이와 청소년이 금융과 증권 시장에 대해서 쉽게 알 수 있도록 증권의 역사와 한국 예탁 결제원이 하는 일에 대해 전시하고, 여러 체험 프로그램도 마련해 놓고 있답니다.

증권 박물관에서는 세계 증권의 역사와 조선 시대의 수표부터 현재까지 발행된 각종 증권 등을 살펴볼 수 있어요. 다양한 전시 외에도 '나만의 증권 만들기' 등과 같은 체험 활동도 할 수 있습니다. 방학에는 초등학생을 위한 특별 프로그램도 진행한다고 하니, 증권 박물관을 통해 여러 가지 증권의 종류와 증권 시장의 구조에 대해서 재미있게 배워 보세요.

한국 예탁 결제원 증권 박물관

존 메이너드 케인스

1883년		영국 케임브리지에서 3남매 중 장남으로 태어났습니다. 케인스는 어려서부터 몸이 약해 무도병을 앓기도 했습니다.
1897년	14세	성 페이스 예비 학교를 우수한 성적으로 졸업하고, 이튼 스쿨에 입학합니다.
1902년	19세	케임브리지 킹스 칼리지에 입학합니다. 케인스는 케임브리지 대학에서 수학을 전공하고, 여러 동아리에도 참여해 교양을 쌓습니다.
1903년	20세	케임브리지 대학의 비밀 모임인 사도회에 회원으로 뽑힙니다.
1906년	23세	인도청을 떠나 케임브리지 대학에서 경제학 강사로 활동합니다.
1914년	31세	영국 재무성에서 영국 경제를 관리하는 일을 맡습니다.
1919년	36세	제1차 세계 대전이 끝나고 나서 케임브리지 대학으로 돌아옵니다. 이곳에서 《평화의 경제적 귀결》을 저술합니다. 여기에는 패전국에 막대한 배상금을 물리지 말아야 한다는 내용이 담겨 있습니다.

1925년	42세	러시아 무용가 리디아 로포코바와 결혼합니다.
1926년	43세	독일 베를린에서 〈자유 방임주의의 종언〉이라는 제목의 연설을 합니다. 여기에서 케인스는 애덤 스미스의 주장에 잘못된 점이 있다고 주장했습니다. 이후 케인스는 실업의 원인은 국가에 있고, 국가가 이들을 위해 정책을 펴야 한다고 주장합니다.
1930년	47세	《화폐론》을 저술합니다.
1933년	50세	케인스의 이론을 받아들여 미국의 프랭클린 루스벨트 대통령이 뉴딜 정책을 폅니다.
1936년	53세	《고용, 이자와 화폐에 관한 일반 이론》이라는 책을 출판했습니다.
1942년	59세	영국 경제에 기여한 공을 인정받아, 영국 왕실에서 케인스에게 귀족 작위를 수여했습니다.
1946년	63세	심장마비로 세상을 떠납니다. 영국 정부를 비롯해 케인스의 많은 친구가 그의 죽음에 조의를 표했습니다.

찾아 보기

who? 한국사

초등 역사 공부의 첫 단추! '인물'을 알아야 시대가 보인다

● 선사·삼국 ● 남북국 ● 고려 ● 조선

※ who? 한국사(전 47권) | 대상 초등학교 전 학년 | 책 크기 188×255 | 각 권 페이지 190쪽 내외

who? 인물 중국사

인물로 배우는 최고의 역사 이야기

※ who? 인물 중국사 (전 30권) | 대상 초등학교 전 학년 | 책 크기 188×255 | 각 권 페이지 190쪽 내외

who? 아티스트

최고의 명작을 탄생시킨 아티스트들을 만나다

● 문화·예술·언론·스포츠

※ who? 아티스트(전 40권) | 대상 초등학교 전 학년 | 책 크기 188×255 | 각 권 페이지 190쪽 내외

who? 인물 사이언스

기술로 세상을 발전시킨 과학자들의 이야기

※ who? 인물 사이언스(전 40권) | 대상 초등학교 전 학년 | 책 크기 188×255 | 각 권 페이지 180쪽 내외

who? 세계 인물

세상을 바꾼 위대한 인물들의 이야기

※ who? 세계 인물(전 40권) | 대상 초등학교 전 학년 | 책 크기 188×255 | 각 권 페이지 180쪽 내외

who? 스페셜 · K-pop

아이들이 가장 만나고 싶고, 닮고 싶은 현대 인물 이야기

※ who? 스페셜 · K-pop | 대상 초등학교 전 학년 | 책 크기 188×255 | 각 권 페이지 190쪽 내외